푸앵카레가 들려주는
위상수학 이야기

백석윤 지음

NEW
수학자가 들려주는
수학 이야기
88

푸앵카레가
들려주는
위상수학 이야기

㈜자음과모음

추천사

수학자라는 거인의 어깨 위에서 보다 멀리, 보다 넓게 바라보는 수학의 세계!

　수학 교과서는 대개 '결과'로서의 수학을 연역적으로 제시하는 경향이 강하기 때문에 학생들은 수학이 끊임없이 진화해 왔다고 생각하기 어렵습니다. 그렇지만 수학의 역사는 하나의 문제가 등장하고 그에 대해 많은 수학자가 고심하고 이를 해결하는 가운데 새로운 아이디어가 출현해 온 역동적인 과정입니다.

　〈NEW 수학자가 들려주는 수학 이야기〉는 수학 주제들의 발생 과정을 수학자들의 목소리를 통해 친근하게 이야기 형식으로 들려주기 때문에 학생들이 수학을 '과거 완료형'이 아닌 '현재 진행형'으로 인식하는 데 도움이 될 것입니다.

　학생들이 수학을 어려워하는 요인 중의 하나는 '추상성'이 강한 수학적 사고의 특성과 '구체성'을 선호하는 학생의 사고 사이에 존재하는 간극이며, 이런 간극을 줄이기 위해서 수학의 추상성을 희석시키고 수학 개념과 원리의 설명에 구체성을 부여하는 것이 필요합니다.

　〈NEW 수학자가 들려주는 수학 이야기〉는 수학 교과서의 내용을 생동감 있게 재구성함으로써 추상적인 수학을 구체성을 갖는 수학으로 변모시키고 있습니다. 또한 중간중간에 곁들여진 수학자들의 에피소드는 자칫 무료해지기 쉬운 수학 공부에 윤활유 역할을 해 줄 것입니다.

〈NEW 수학자가 들려주는 수학 이야기〉의 구성을 보면 우선 수학자의 업적을 개략적으로 소개하고, 6~9개의 강의를 통해 수학 내적 세계와 외적 세계, 교실 안과 밖을 넘나들며 수학 개념과 원리를 소개한 후 마지막으로 강의에서 다룬 내용을 정리합니다.

이런 책의 흐름을 따라 읽다 보면 각각의 도서가 다루고 있는 주제에 대한 전체적이고 통합적인 이해가 가능하도록 구성되어 있습니다. 〈NEW 수학자가 들려주는 수학 이야기〉는 학교 수학 교과 과정과 긴밀하게 맞물려 있으며, 전체 시리즈를 통해 학교 수학의 많은 내용을 다룹니다. 따라서 〈NEW 수학자가 들려주는 수학 이야기〉를 학교 수학 공부와 병행하면서 읽는다면 교과서 내용의 소화 흡수를 도울 수 있는 효소 역할을 할 것입니다.

뉴턴이 'On the shoulders of giants'라는 표현을 썼던 것처럼, 수학자라는 거인의 어깨 위에서는 보다 멀리, 넓게 바라볼 수 있습니다. 학생들이 〈NEW 수학자가 들려주는 수학 이야기〉를 읽으면서 각 수학자의 어깨 위에서 보다 수월하게 수학의 세계를 내다보는 기회를 갖기를 바랍니다.

홍익대학교 수학교육과 교수 |《수학 콘서트》저자 박경미

책머리에

세상을 바라볼 때 간단하지만
그 본질은 더 정확히 볼 수 있게 해 주는
'위상수학' 이야기

집합론의 시조인 칸토어는 "수학의 본질은 그 자유에 있다."라는 말을 하였습니다.

여러분은 수학이 무엇이라고 생각하나요? 아마도 대부분의 학생이나 일반인 입장에서 볼 때, 수학이란 엄격하고 정밀한 형식이나 틀에 맞추어진, 그야말로 우리의 생각을 옴짝달싹할 수 없게 만드는 체제 안에서 전개되는 어려운 내용의 교과라는 생각이 강할 것입니다. 그러나 칸토어는 우리 일반인들과 달리 수학이란 그 안에서 말할 수 없이 '자유'로울 수 있는 학문이라고 주장했습니다.

우리는 수학을 공부할 때 우선적으로 기본적인 틀이나 형식, 제한 조건 등과 같이 수학을 얽어매고 있는 체제부터 공부하고, 그 틀 안에서만 엄격하고 정밀하게 수학을 다루어야 한다고 배워 왔습니다. 그리고 이는 결코 틀린 말이 아닙니다. 하지만 그 체제나 틀에 정통하고 익숙해지고 나면 우리의 수학적 정신 활동은 그 무엇보다도 자유로운 상태가 됩니다. 그 이유는 본래 주어진 틀 안에서 무한정 자유로울 수 있는 수학의 속성 때문입니다.

이 책에서 다루는 위상수학은 수학을 다루기 위한 새로운 틀로서, 그 틀은 비교적 간단하지만 수학의 본질적인 면에 보다 쉽게 접근해 가며 자유로운 수학적 사유를 마음껏 펼칠 수 있게 해 주는 분야입니다. 즉, 위상수학의 테두리 안에서 칸토어가 설파하는 수학의 본질적 자유를 마음껏 누릴 수 있게 해 준다는 것입니다. 이 책의 주인공인 푸앵카레가 약 1세기 전에 위상수학 안에서 자유로운 사유를 통하여 생성시킨 '푸앵카레 추측'이 바로 좋은 증거라 하겠습니다.

　사실 푸앵카레 추측은 1904년 푸앵카레에 의해서 추측의 형태로 제시되어 온 이래, 무수히 많은 수학자의 증명이나 반증의 노력을 무산시킨 수학의 세기적 난제 중 하나였습니다. 그러던 중 2006년 러시아의 수학자 페렐만에 의해 그것이 사실임이 증명되는 쾌거를 이루었는데, 이 푸앵카레 추측을 간단히 요약하면 다음과 같습니다.

　'유한하지만 끝이 없는 3차원 공간들 가운데 그 공간 속에 존재하는 모든 폐곡선을 한 점으로 축소시킬 수 있는 공간은 모두 3차원 구면으로 위상적 변형을 시킬 수 있다.'는 것입니다. 여기서 위상적 변형이란 어떤 물체를 찢거나 덧대어 붙이거나 하는 방식이 아니라 고무로 만든 것처럼 늘리거나 구부리거나 비틀거나 하는 방식으로 변형시키는 것을 말합니다. 그리고 이 기하학적 명제는 단지 수학 안에서만 의미를 갖는 것이 아니라 모든 과학자가 궁금해하는 실생활의 형태로 확장될 수 있습니다. 다시 말해 '우리가 살고 있는 유한하지만 끝이 없는 3차원 공간이라고 할 수 있는 이 우주가 3차원의 구면으로 위상적 변형이 될 수 있다.'는 의미로도 해석될 수 있다는 뜻입니다. 즉, 굉장히 복잡하고 추측하기 어려운 이 우주가 3차원적 구면과 위상적으로 같다는 의미가 되는 것입니다.

  이와 같은 명제를 푸앵카레는 위상수학이란 세계에서 그야말로 자유로운 사유를 통하여 얻어 냈습니다. 그가 얻었던 자유가 얼마나 크면 우주의 원리에 접근해 갈 수 있었을까 하는 생각을 해 봅니다. 또한 이 명제를 증명해 낸 페렐만 역시 수학 안에서 진정한 자유로움을 느끼고자 한 수학자라 하겠습니다. 푸앵카레 추측을 증명해 낸 업적으로 수학계의 노벨상인 필즈상과 거금의 부상을 받을 수 있었음에도 이를 거부하고 수학 속에 숨어 자유인이 되는 길을 택했기 때문입니다.

  여러분도 이 책에서 소개하는 위상수학의 세계로 들어와 수학이라는 세계의 진정한 자유를 맛보는 경험을 해 보기 바랍니다.

백석윤

차례

추천사	4
책머리에	6
100% 활용하기	12
푸엥카레의 개념 체크	20

1교시
위상과 위상기하   31

2교시
위상공간   49

3교시
위상동형사상   67

4교시
위상기하의 적용 (1)　　　　　　　　　　　91

5교시
위상기하의 적용 (2)　　　　　　　　　　　109

6교시
위상기하의 적용 (3)　　　　　　　　　　　125

1 이 책은 달라요

《푸앵카레가 들려주는 위상수학 이야기》는 그동안 초등학교부터 고등학교까지 도형 영역이나 기하 영역에서 배워 왔던, 이른바 유클리드 기하와는 사뭇 다른 새로운 기하의 체계를 다룬 내용으로 여러분에게 신기하게 다가갈 수 있을 것으로 생각됩니다.

여러분은 그동안 '기하'라고 했을 때 무엇을 떠올렸나요? 두 점 사이의 최단 거리라고 했을 때, 언제나 두 점을 양 끝점으로 하는 선분을 떠올리고, 모든 삼각형은 그 내각의 합이 180°이며, 원과 사각형은 엄연히 다른 것으로 생각해 오지 않았습니까?

그동안 우리는 우리가 살고 있는 우주에서는 그와 같은 기하학적 법칙만이 통할 것으로 굳게 믿고 한 치의 의심도 없이 살아왔습니다. 특히 수학이라는 학문은 철저히 참인 내용으로만 이루어져 있어서 의심할 여지가 없다는 고정 관념 또한 한몫했을 것입니다.

그런데 알고 보면 기하학적 법칙은 한 가지만이 아닙니다. 기원전 3세기경 유클리드에 의해서 기하학적 관점이 체계화된 이래, 우리의 머릿속에서 기하학의 체계나 관점은 유클리드의 것 하나만 존재한다고 각인

되어 온 것일 뿐입니다.

 이 책은 푸앵카레의 강의를 통하여 여러분이 갖고 있던 고정된 생각을 어느 정도 자유롭고 유연하게 바꾸어 줄 것입니다. 즉, 두 점 사이를 잇는 도형을 생각할 때 꼭 거리를 생각할 필요가 없으며, 삼각형의 내각의 합은 반드시 180°만 되는 것이 아니라 작을 수도 클 수도 있다는 것을 알게 될 것입니다. 또한 내각의 합의 크기를 계산할 필요조차 없을 수도 있고, 원과 사각형을 같은 도형으로 보아도 이 세상을 파악하는 데 아무런 문제가 되지 않음을, 아니 오히려 이 세상의 본질에 더 가까이 다가갈 수도 있다는 놀라운 사실을 깨닫게 될 것입니다.

2 이런 점이 좋아요

1. 기하의 체계나 기하학적 관점이 다양할 수 있음을 알게 해 줍니다.
2. 수학은 어느 하나의 틀에 고정되어 있는 것이 아니라, 다양한 틀 안에서 생각할 수 있다는 것을 알려 줍니다.
3. 수학자들의 연구는 어렵고 틀에 박혀 있기만 한 것이 아니라, 의외로

다양하고 유연하며 기발하게 전개된다는 것을 알려 줍니다.
④ 수학은 우리가 살고 있는 이 세상을 새로운 관점에서 볼 수 있고, 이해할 수 있게 해 준다는 것을 설명해 줍니다.
⑤ 수학은 여타 과학적 연구에 좋은 방법이 되고, 도움이 될 수 있다는 것을 알게 해 줍니다.

3 교과 연계표

학년	단원(영역)	관련된 수업 주제 (관련된 교과 내용 또는 소단원명)
중 1	도형과 측정	입체도형의 성질
고 1(공통수학2)	집합과 명제	집합, 명제
	함수와 그래프	함수
고 2~3(기하)	공간도형과 공간좌표	공간도형, 공간좌표
대학수학		위상수학, 일반위상수학

4 수업 소개

1교시 위상과 위상기하

위상수학의 한 분야인 위상기하에 대한 소개로 우리가 초등학교부터 고등학교까지 배운 유클리드 기하에서 도형을 구별하고 이해하는 방법과는 다른 방식의 기하로서, 이른바 위상기하에서 도형을 구별하고 이해하는 방식을 — 도형의 크기나 모양과는 관계없이 도형의 구성 요소 사이의 상대적 위치나 순서 그리고 만남의 여부에만 주목하여 — 소개합니다.

위상수학이나 위상기하에서 핵심이 되는 '위상'이라는 개념에 대한 기초적인 설명을 하는 수업으로, 이후부터 다루는 내용에 꼭 등장하는 위상의 개념과 이와 관련된 수학의 분야들을 소개하고, 다음 수업부터 다루게 되는 수업 내용에 대해 소개합니다.

- **선행 학습** : 유클리드 기하, 차원, 단일 폐곡선, 순서, 위치
- **학습 방법** : 고등학생이라 하더라도 처음 들어 보는 용어인 '위상'이라는 단어 때문에 어렵고 생소하게 느낄 수 있지만, 이 책에서 다루는 핵심 주제가 위상인 만큼 위상에 대하여 쉽게 이해할 수 있도록 설명하였으므로 설명만 잘 따라오면 손쉽게 새로운 수학을 접하는 즐거움을 얻을 수 있습니다.

2교시 위상공간

앞에서 공부한 위상과 함수의 개념을 활용하여 위상수학에 한발 더 다가가기 위해 '위상공간'에 대하여 알아보는 수업입니다. 위상공간이라는 개념은 초등학교 때부터 수학 시간에 익숙하게 다루어 온 유클리드 기하 공간이나 도형의 개념을 보다 일반화시킨 기하학적 공간이나 도형 개념으로 이해할 수 있습니다. 여기서는 위상공간에 대한 수학적 정의를 통하여 개념을 설명하고, 순서위상, 곱위상, 부분공간위상, 거리위상

등에 대하여 공부합니다.
- **선행 학습** : 유클리드 공간, 부분집합, 열린집합, 합집합, 교집합, 곱집합, 열린구간
- **학습 방법** : 고등학생이라 하더라도 처음 들어보는 용어인 '위상공간'이란 단어 때문에 어렵고 생소하게 느낄 수 있지만, 위상공간의 개념은 이 책에서 다루는 중요 주제가 되는 만큼 쉽게 이해할 수 있도록 설명하였으므로 설명만 잘 따라오면 오히려 새로운 수학을 접하는 호기심을 만족시킬 수 있습니다.

3교시 위상동형사상

이 수업에서는 '위상동형'과 '위상동형사상'에 대하여 공부합니다. 우리가 공간과 물체에 대한 파악의 수단으로서 초등학교부터 고등학교까지 배워 온 기하를 이른바 유클리드 기하라고 하는데, 공간과 물체에 대한 파악의 수단으로 기하는 유클리드 기하 한 가지 방식만 존재하는 것이 아닙니다. 이번 수업에서는 공간과 물체에 대한 파악을 위하여 여러 가지 다른 수단이나 시각을 제공하는 또 다른 기하가 있음을 알려 줍니다. 이 책에서 주로 다루고 있는 위상기하가 유클리드 기하와는 어떻게 다른 방식으로 공간과 사물에 대한 파악과 이해의 수단을 제공하는지를 앞서 공부한 함수, 위상, 위상동형 등의 개념을 활용하여 재미있게 설명해 줍니다.

- **선행 학습** : 매듭knot, 개구간, 곱집합
- **학습 방법** : 고등학생이라 하더라도 처음 들어 보는 용어인 '위상동형' 혹은 '위상동형사상' 등의 개념 때문에 어렵고 생소하게 느낄 수 있지만, 이러한 개념은 이 책에서 다루는 위상기하의 중요 주제가 되는 만큼 알아 둘 필요가 있습니다. 특히 함수 개념을 사용하여 쉽고 재미있게 이해할 수 있도록 설명하였으므로 설명만 잘 따라오면 즐겁게 새로운 수학을 경험하는 기회가 될 것입니다.

4교시 위상기하의 적용 (1)

본 수업부터 이후의 수업 내용은 앞에서 알아본 위상기하의 내용을 실제 현상에 적용하여 재미있는 위상기하적 성질이나 원리를 직접 경험해 보고자 하는 수업입니다. 여기서 위상기하의 내용을 적용해서 알아보고자 하는 현상은 '오일러 표수'와 '한붓그리기'입니다. 우선 오일러 표수는 위상공간 속에 존재하는 무수히 많은 도형이나 물체의 유형에 따라 공통된 특성을 간단하고 분명하게 보여 주는 내용입니다. 한붓그리기는 오일러가 '쾨니히스베르크의 다리 문제'를 푼 것에서 유래되어 발전된 문제로, 위상동형의 개념을 활용하여 수학적으로 적용하는 과정에 대하여 공부합니다.

- **선행 학습** : 피타고라스 정리, 정다면체, 다면체, 쾨니히스베르크의 다리 문제, 그래프의 뜻

- **학습 방법** : 이 수업부터는 앞에서 배운 위상기하 관련 내용을 활용하여 실제 재미있는 수학적 현상에 대하여 알아봅니다. 따라서 앞에서 공부한 위상기하 관련 내용을 이해하지 못하였더라도 설명을 들으면서 따라오면 모두 재미있는 수학적 현상을 경험할 수 있습니다. 물론 앞에서 배운 위상기하 관련 내용을 이해한 경우는 위상기하적 의미도 함께 느끼면서 새로운 수학의 세계를 맛볼 수 있습니다.

5교시 위상기하의 적용 (2)

지도와 같이 평면이 여러 부분으로 구획된 각 부분에 여러 가지 색을 칠하여 서로 구분하는 문제로, 맞닿아 있는 두 부분을 서로 다른 색으로 칠해야 할 때 어떤 경우든 네 가지 색만으로 가능할 것인가를 알아내는 과정을 쉽고 재미있게 소개하는 내용입니다. 이는 고등학교 수학의 활용 도형과 그래프와 직결되는 내용으로 학교에서 배우는 수학의 내용을 실제로 경험하는 좋은 기회가 될 것입니다.

- **선행 학습** : 귀류법, 그래프
- **학습 방법** : 수학의 활용을 공부하는 고등학생의 경우는 학교에서 배운 개념이나 원리를 적용해 본다는 생각으로 가볍게 읽고 이해하면 됩니다. 초등학생이나 중학생의 경우는 앞에서 공부한 위상기하 관련 내용을 이해하지 못하였더라도 이 수업에서 하는 설명만 들으면서 따라오면 재미있는 수학적 현상을 경험할 수 있게 됩니다. 물론

앞에서 배운 위상기하 관련 내용을 이해한 경우는 위상기하적 의미도 함께 느끼면서 새로운 수학의 세계를 맛볼 수 있을 것으로 생각합니다.

6교시 위상기하의 적용 (3)

이번 수업에서는 초중고 학생들이 잘 알고 있는 '뫼비우스의 띠'와 이와는 달리 잘 알지 못할 수 있는 '클라인병클라인의 항아리'에 대하여 위상기하적인 접근과 이해를 꾀하는 내용으로 이루어져 있습니다.

- 선행 학습 : 그래프, 차원
- 학습 방법 : 앞에서 배운 위상기하 관련 내용을 활용하여 실제 재미있는 수학적 현상에 대하여 알아보는 내용입니다. 앞에서 공부한 위상기하 관련 내용을 이해하지 못하였더라도 설명만 들으면서 따라오면 모두 재미있는 수학적 현상을 경험할 수 있게 됩니다. 물론 앞에서 배운 위상기하 관련 내용을 이해한 경우는 위상기하적 의미도 함께 느끼면서 새로운 수학의 세계를 맛볼 수 있습니다.

푸앵카레를 소개합니다

Jules Henri Poincaré(1854~1912)

나는 프랑스의 수학자이자 물리학자이며 천문학자입니다.

한마디로 수학과 과학 전반에 걸쳐 능통한 학자라고 할 수 있지요. 어릴 적부터 한 가지 일에 몰두하는 것을 좋아했던 반면, 한 분야에 안주하는 것을 싫어해 다양한 연구를 했습니다.

덕분에 프랑스 소르본 대학교에서 순수 또는 응용수학의 여러 주제에 관해 강의를 하였으며 수많은 저서와 연구 논문을 써서 수학과 과학을 대중화시키는 데 공헌했습니다.

수론, 함수론, 미분방정식론, 확률론 연구에도 상당한 기여를 했고 특히 20세기 위상수학 분야에서 큰 업적을 남겼답니다. 그뿐만 아니라 물리학, 천체 역학 및 우주 진화론에 이어 과학 비평까지 '팔방미인'이라 불릴 정도로 다재다능한 재능을 뽐내며 수학과 정밀과학 전 분야의 근대화를 이끌었답니다.

여러분, 나는 푸앵카레입니다

　나, 앙리 푸앵카레는 프랑스의 유서 깊은 도시인 로렌주 낭시 중심가에 위치한 부유한 할아버지의 저택에서 태어났습니다. 당시 나의 아버지인 레옹은 낭시 대학교의 의학부 교수로 재직하고 있던 의사였습니다. 아버지의 형제인 앙토니는 최고위급 공무원이었으며, 훗날 프랑스 공화국의 대통령이 된 레몽 푸앵카레와 파리 대학교의 부총장이 된 뤼시앵 푸앵카레는 앙토니 숙부의 아들이자 내 사촌 동생이기도 합니다. 나는 이른바 부르주아로 일컬어지는 명문가에서 태어난 셈입니다.

　하지만 다섯 살 때 디프테리아를 앓았던 나는 그 후로, 약 9개월 동안 말하는 것도 걷는 것도 하지 못한 채 지내야 했습니다.

병이 다 나은 뒤에도 허약해진 신체 때문에 건장했던 아버지의 기대에 부응하지 못하는 등 불행한 유년 시절을 보냈지요. 그래도 부유한 고위 공무원 가문에서 태어난 덕에 주변의 유럽 각국으로 자유롭게 여행을 떠날 수 있었고, 특히 외할아버지 댁에서 보냈던 유년기는 내 생애 가장 행복했던 시기로 기억하고 있습니다.

나는 양손잡이에 심한 근시였으며, 운동 신경 또한 형편없었는데 이는 어린 시절 앓았던 디프테리아의 영향이 아닐까 생각합니다. 그렇지만 체육과 미술 시간을 제외한 나머지 학교 수업은 나에겐 모두 즐거운 시간이었고, 성적도 뛰어났습니다.

나는 온화한 성격이었지만 혼자만의 생각에 몰두하는 것을 좋아해서 이따금씩 학우나 선생님들을 어리둥절하게 만들기도 했는데요. 내가 생각하는 것을 유독 좋아한다는 것을 알았던 나의 어머니는 사색하기 좋은 환경을 만들어 주었고, 실제로 나는 학교에서 집으로 돌아오는 길에 벌써 그날의 학교 과제 구상을 머릿속으로 끝낸 상태로 집에 도착하곤 했습니다.

기억력 또한 비상했던 나는 몇 년 전에 읽었던 책의 내용이 몇 페이지에 있다는 것조차 모두 기억할 정도였고, 무언가 대상을 기억할 때는 마치 사진을 찍어 놓은 듯 생생하게 세밀한 부분까지 묘사할 수 있었습니다. 그 때문이었을까요? 나를 가르쳤던 한 선생님은 나의 어머니에게 나를 '수학의 괴물'로 칭하면서 앞으로 훌륭한 수학자가 될 거라는 말을 했다고 합니다.

그러던 중 보불 전쟁이 터졌을 때, 나는 스무 살도 되기 전이라 큰 충격을 받았습니다. 하지만 프로이센군이 낭시를 점령해 고위 행정관이 우리 집에 머물게 됐을 때 나는 이를 독일어를 배우는 계기로 삼았습니다.

그 후 나는 1873년에 파리 대학교의 이공과에 입학했습니다. 그 전부터 전국 규모의 시험에서 줄곧 1등만 했던 나는 파리의 이공과 대학과 고등 사범 학교에서도 역시 응시한 수험생 가운데 최고의 성적을 받았습니다. 1875년에 차석으로 졸업한 후, 1879년 그랑제콜인 광산 학교에서 채광 기사 자격을 취득하였으며, 같은 해 파리 대학교에서 이학 박사 학위를 받았습니다. 광산 학교를 졸업하자마자 캉 대학교의 강사로 임명되었으며, 2년 뒤 파리 대학교로 옮겨 1912년까지 수학과 과학의 여러 교수직을 거치게 됩니다.

다음은 나에 대해서 후세 사람들이 평가한 내용인데, 사람들이 전하고 있는 대로 한번 정리해 보겠습니다.

"푸앵카레는 수학의 전반적인 분야에 걸쳐 능통한 마지막 학자라고 할 수 있다. 즉, 그는 수학의 거의 전 분야에서 놀랄 만한 연구를 했고, 그 분야를 발전시키는 데 큰 역할을 했다고 평가할 수 있다. 푸앵카레는 매년 소르본 대학교에서 순수 또는 응용수학의 여러 주제에 관하여 명강의를 하였으며, 이 강의 내용의 대부분은 곧바로 책으로 출간될 정도로 완벽성까지 갖추고 있었다. 푸앵카레는 30여 권의 책과 500여 편의 전문 연구 논문을 쓴 다작의 학자이기도 한데, 그는 수학과 과학을 대중화시키는 데 크게 기여했으며, 당시 그가 저술한 수학이나 과학의 보급판 해설서는 날개 돋친 듯이 팔려 나가 다양한 직업과 계층의 사람들에게 널리 읽히는 베스트셀러가 되었다. 이처럼 그의 책이 일반인에게 애독서가 될 수 있었던 것은 명쾌한 설명과 흥미를 끄는 그만의 저술 방식 때문이었으며, 그 후 많은 외국어로 번역되어서 전 세계로 독자층을 확장해 나가기도 했다. 그중 인기가 있었던 책은 문학적인 가치도 인정받아 그는 프랑스 작가의 최고 영예인 프랑스 학술원의 문학 부분회원으로 선정되기도 했다.

　푸앵카레는 한 분야에 안주하는 것을 싫어했고, 수학과 과학의 다양한 영역에 대한 연구를 즐겨 했다. 그의 미분방정식에 관한 박사 학위 논문은 자기동형 함수에 관한 논문으로 선형미분방정식의 해법으로 활용 가치가 높았으며, 확률론 분야에도 상당한 기여를 했다.

　특히 20세기에 들어 푸앵카레는 위상수학 분야에 큰 관심을 기울이기 시작했다. 오늘날 위상수학에서 '푸앵카레군'이라고 그의 이름을 따서 명명된 수학적 개념이 있을 만큼, 위상수학에서의 그의 연구 업적은 실로 탁월했다. 그뿐만 아니라 응용수학 분야에서도 다재다능한 면모를 뽐냈던 푸앵카레는 광학, 전기학, 전신, 모세관 현상, 탄성, 열역학, 전위 이론, 양자 이론, 상대성 이론, 우주 진화론 같은 다양한 분야에 기여한 가히 천재라고 할 수 있는 인물이다."

　자, 어떻습니까? 후세 사람들이 나를 너무나도 좋게 평가해 주어서 마치 내가 아주 어렵고 힘든 수학만을 연구해 온 것처럼 들릴 수도 있는데, 그렇지 않습니다. 사실 나는 여러분과 같이 학교에서 수학을 배우는 학생들이나 일반인에게 수학을 쉽고 재미있게 배우는 방법을 알려 주기 위한 수학책을 쓰기도 했으니까요.

여기서 설명하고자 하는 위상수학의 내용도 일반적으로는 어렵다고 이야기되고 있지만, 가능한 한 쉽고 재미있게 풀어내고자 하였으니, 여러분은 그저 새로운 기학학적 세계로 여행을 떠난다는 호기심만 가지고 들어오면 될 것입니다.

그러면 이제 위상수학의 세계를 향하여 출발해 볼까요?
Let's Go!

푸앵카레의 개념 체크

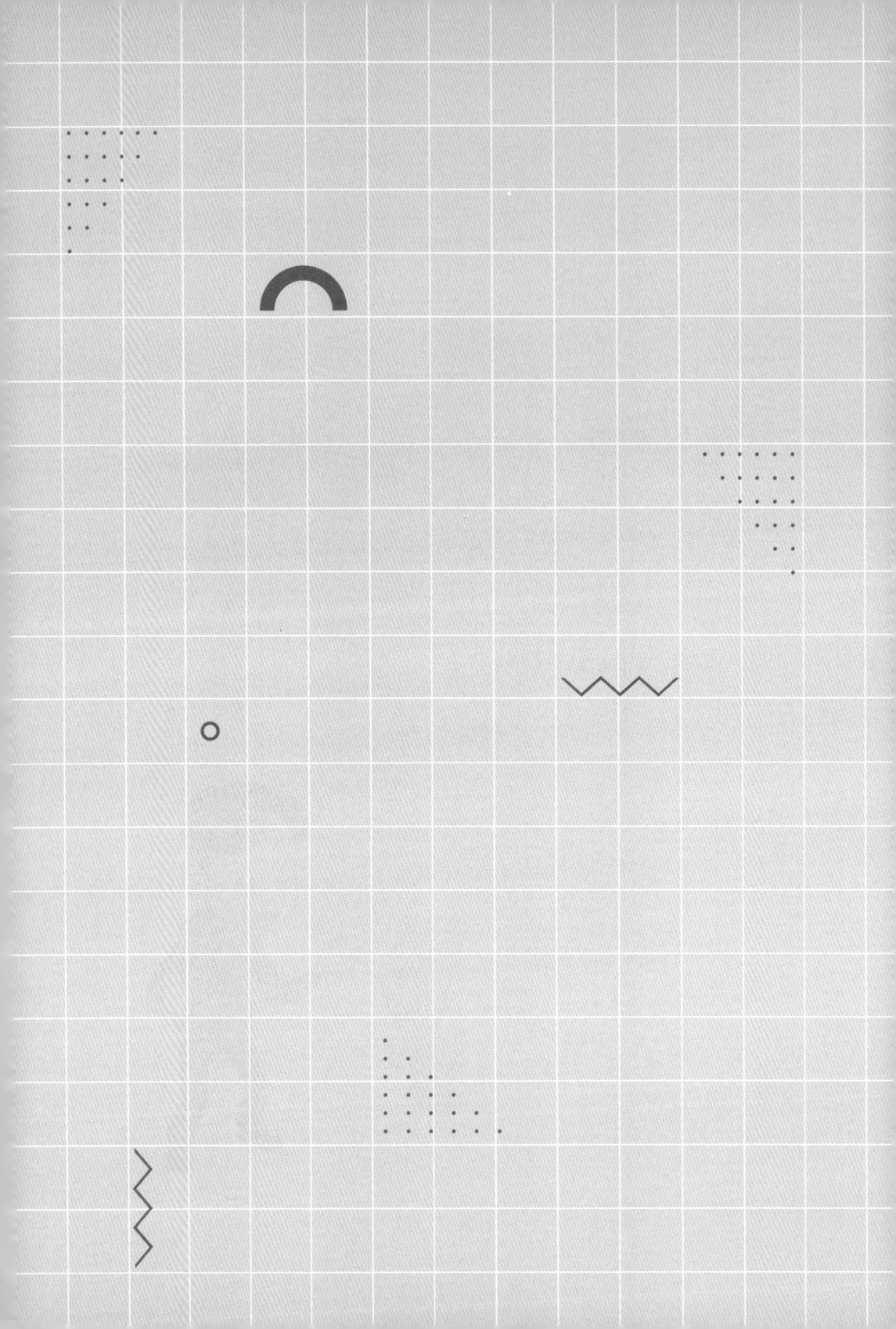

1교시

위상과 위상기하

위상수학의 한 분야인 위상기하가 무엇인지 공부하고, '위상'이라는 개념의 의미를 알아봅니다.

수업 목표

1. 위상기하의 의미를 알아봅니다.
2. 위상적 변형의 방법을 알아봅니다.
3. '위상적으로 같다동형.'의 의미를 이해합니다.
4. 위상의 의미를 이해합니다.

미리 알면 좋아요

1. **집합론** 추상적 대상의 모임인 집합을 연구하는 수학 이론입니다.

2. **오일러의 정리** 특정 다면체군에 따라 v를 꼭짓점, e를 모서리, f를 면의 수, 오일러 표수를 χ라고 할 때, $v-e+f=\chi$와 같은 식을 만족시키면서 χ가 상수로 일정한 정수값이 되는 것을 말합니다.

3. **한붓그리기** 그래프 이론에서 '오일러 경로'라고도 하며, 주어진 그래프의 모든 변을 단 한 번씩만 통과하는 경로를 뜻하는 것으로 연필을 한 번도 떼지 않은 채로 모든 경로를 한 번만 그리고 모두 통과할 수 있게 되는 것을 말합니다.

4. **클라인병** 대롱 모양의 원통을 4차원 공간에서 잘 처리하여 원통의 한쪽 끝의 원 모양의 테두리 방향이 처음과 반대 방향으로 되게끔 꼬아서 갖다 붙이면 만들어지는 물체를 말합니다.

푸앵카레의 첫 번째 수업

여러분, 안녕하세요? 이제부터 우리가 여행해 보려는 세계는 위상수학 중에서 위상기하topological geometry랍니다. 여기서 '위상'이란 말이 조금은 생소하고 어렵게 들리지요?

우선 이 위상位相, topology이란 단어의 사전상의 뜻을 한번 찾아보기로 합시다. 위상을 사전에서 찾아보면 '어떤 사물이 다른 사물과의 관계 속에서 가지는 위치나 상태'라고 설명하고 있듯이, 위상기하라고 하면 기하에 관련된 내용 중에 주로 위치나 상태를 중요시할 거라는 예상을 하게 해 줍니다. 그런데 우리가 여태껏 공부해 온 기하는 유클리드 기하Euclidean geometry로서, 이 기하에서는 구성 요소의 위치나 상태보다는 길이, 넓이, 각도 등과 같은 크기나 구성 요소 사이의 관계 등을 중요시해 왔습니다. 즉, 위상기하와 유클리드 기하는 중요시하고 있는 부분부터가 서로 다르다고 하겠습니다. 자, 어떻습니까? 이처럼 중요시하는 부분이 다르다는 것만으로도 위상기하에 대한 흥미가 생기지 않나요?

앞에서 이야기한 위상기하는 세 가지의 위상적 변형인 '구부리기, 잡아당기기, 비틀기'를 하여도 변함없는 사물의 특성과 관련한 기하학이라고 할 수 있습니다. 예를 들어 두꺼운 고무 밴드 위에 몇 개의 점을 표시해 둔 경우, 이 고무 밴드를 어느 방향으로든 구부리거나, 잡아당겨서 늘리거나, 비틀기를 하여도 맨 처음의 고무 밴드와 비교했을 때 고무 밴드 위 점들의 상대적 위치는 처음과 변함이 없게 됩니다. 이와 같은 성질을 '위상적 불변성'이라고 하는데, 다시 말하면 앞에서 이야기한 세 가지의 위상적 변형의 방법으로 아무리 변형을 시켜도 위상기하의 관점에서 볼 때는 변화된 것이 전혀 없다는 뜻입니다.

즉, 사물에 대한 위상적인 불변성에 초점을 맞추어 어떤 대상의 특성을 연구하는 위상기하 학자의 경우, 예를 들어 여러 가지 모양과 크기로 그려진 단일 폐곡선은 모두 원과 같은 도형으로 보는 것입니다. 이와 같은 관점이나 생각은 여러분이 초등학생 때부터 배운 기하도형의 내용에 의하면 절대로 용납될 수 없는 일입니다. 하지만 위상기하에서는 사물의 크기나 모양 등의 다름은 본질적인 다름으로 보지 않고, '상대적 위치'나 '순서'와 같은 위상적 특성이 다를 때만 다른 대상으로 봅니다.

지금까지 위상기하에서 어떤 대상을 서로 다른 것으로 볼 때, 기준을 구성하는 요소에 대하여 위상기하 학자들이 찾아낸 것은 '차원, 변모서리의 개수, 면의 개수'입니다. 즉, 이 세 가지 요소는 앞서 말한 세 가지 위상적 변형인 구부리기, 잡아당겨 늘리기, 비틀기를 하여도 절대로 변하지 않는 사물의 특성이 되기 때문입니다.

이와 같이 어떤 대상이 되었든 그들의 차이점을 기하학적으로 구분할 수 있는 최소의 기준을 정하여 이 세상에 존재 가능한 대상을 서로 구분해 놓고, 이들 각 종류의 대상이 갖는 공통된 특성을 연구하는 것이 다름 아닌 위상기하의 내용이 되는 것입니다.

예를 들어, 다음 페이지의 그림에서처럼 공 모양인 구면의 경우 면은 겉과 속 2개가 있고, 모서리, 즉 면의 경계에 해당하는 부분은 없음을 알 수 있습니다. 그러나 직사각형의 종이를 말아서 만든 원통형을 보면, 겉과 안의 2개의 면과 그 면들의 공통된 경계에 해당하는 모서리가 2개 있다는 것을 알 수 있습니다. 이와 같은 특성은 모든 구면은 그것이 구의 형태든 달걀 껍질처럼 갸름하게 생긴 경우든 똑같은 성질을 갖고 있다는 것을 말합니다. 잘 이해가 가지 않나요? 더 쉽게 설명하자면, 세상의 모든 파이프는 크기가 다르고 심지어 휘어져 있다 할지라도 앞에서 말한 원통과 같은 성질을 갖고 있다는 겁니다.

이처럼 성질이 같은 본성들을 일컬어 '위상적으로 동형同形, homeomorphic'이라고 하는데, 달걀 껍질이나 육면체의 상자, 공은 앞에서 설명한 위상적 불변성 면에서 볼 때 같기 때문에 두 물체는 '위상적으로 같다equivalent.'라고 말합니다.

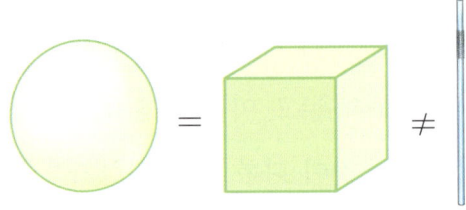

　이와 같이 동형의 개념은 우리가 대하는 대상들을 기하학적으로 통합하는 방법이 되면서도 한편으로는 이들을 분류하는 방법도 됩니다.

　예를 들어, 공 모양을 살펴볼까요? 공 모양은 동형 변형을 시키면 언제나 2차원이면서, 모서리가 없고, 2개의 면으로 이루어진 물체가 되어 위상적 구성 요소를 갖는 물체들을 같은 종류로 분류하는 기준이 됩니다. 그러나 원통 모양을 살펴보면 이와는 다르다는 것을 알 수 있습니다. 원통 모양은 아무리 동형 변형을 시켜도 최종 결과물은 여전히 2차원이면서, 모서리는 2개, 면은 2개로 이루어져 있어 공 모양과 언제나 위상적으로 서로 다르게 구분할 수 있게 해 주는 것입니다.

　이와 같은 방법으로 대상을 구분하고 통합하면서 각 종류별로 위상적 특성에 대해 연구하는 수학 분야가 바로 위상기하입니다.

위상

자, 그럼 위상기하라는 단어 속에 포함된 '위상'이란 용어에 대하여 좀 더 자세히 알아보기로 합시다.

위상이란 용어가 문헌상에 최초로 등장한 것은 J.B. 리스팅이 1847년 출간한 그의 저서 《위상의 기초 연구 : Vorstudien zur Topologie》에서라고 할 수 있습니다. 그 이전에도 라이프니츠는 이미 '기하학적 위치'를 다루는 수학의 분야로 위상기하학의 필요성을 주장한 바 있었고, 오일러는 유명한 '쾨니히스베르크의 다리 문제', 즉 '한붓그리기' 문제를 위상적인 방법으로 해결했으며, 더구나 다면체의 연구에서 '오일러의 정리'라고 하는 중요한 정리를 남긴 바 있습니다.

또한 이들 수학자에 이어 뫼비우스와 리만도 곡면에 대한 위상적 연구를 하여 큰 업적을 남겼습니다. 예를 들어, '뫼비우스의 띠'와 같이 하나의 면으로 이루어진 연결된 곡면에 대한 연구나, 평면을 여러 부분으로 나눈 다음 각 부분에 여러 가지 색을 칠하여 구분할 때, 네 가지 색으로만 칠하는 것이 가능한지 알아내는 유명한 '4색문제 four color problem'도 위상기하 분야에서 생각해 보아야 하는 대표적인 예가 됩니다.

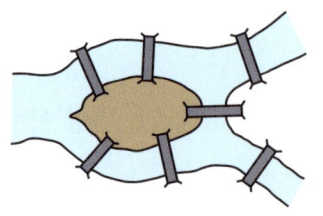
쾨니히스베르크의 다리

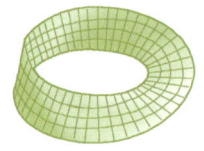
뫼비우스의 띠

　나와 비슷한 시기에 활동을 한 수학자 클라인은 1893년 위상기하학을 '위상사상位相寫像에 대하여 불변하는 도형의 성질을 연구'하는 수학의 분야로 정의하고 있습니다. 그렇지만 여러분이 살고 있는 현재에는 위상이라는 용어가 위상공간을 구성하는 요소인 위상이라는 좁은 의미의 개념 외에도 위상을 다루는 연구 분야의 전반을 지칭하는 것으로 사용되고 있습니다. 즉, 위상수학 또는 위상기하학과 거의 같은 의미로 사용되고 있는 것입니다. 그리고 현재는 위상기하학의 내용에 따라서 '일반위상기하학, 조합위상기하학, 대수적위상기하학, 미분위상기하학' 등으로 나뉘어 있습니다.
　이때 일반위상기하학은 '집합론적 위상기하학'이라고도 하며, 다면체라든가 유클리드 공간으로 한정되어 있지 않은 일반위상공간의 점집합에 대하여 위상적인 방법으로 연구하는 분야입니다. 이 집합론적 위상기하학은 칸토어에 의하여 그 기초가 만들어졌는데, 이것은 연구의 대상을 그때까지 주로 다루던 다면체나 곡면의 범주에서 벗어나 임의의 점집합에까지 확대시켰다는 데에서 획기적인 발전이라고 할 수 있습니다.

이 집합론적 위상기하학에서 칸토어의 이론은 르베그, 보렐, 프레세, 페아노 등의 수학자들의 연구에 큰 역할을 하였습니다. 특히 20세기에 들어와서 하우스도르프에 의하여 근방近傍, neighborhood이라는 개념이 도입되면서 수학의 집합론적 위상기하 분야는 수학의 여러 분야, 특히 대수학 및 해석학 등과 더불어 깊은 관련성을 맺으면서 큰 발전을 하게 된 것입니다.

그러면 이제 위상수학에 대한 흥미 있는 학습을 보다 쉽게 이루어지게 하기 위해서 위상의 이해에 필요한 기본적인 수학 내용 '함수, 위상공간, 연속함수, 위상동형사상'에 대한 예비 학습을 하고, 앞에서 거론한 위상수학과 관련된 흥미 있는 주제인 오일러의 정리, 한붓그리기, 4색문제, 뫼비우스의 띠, 클라인병 등에 대하여 알아보기로 할까요? 우선 위상수학을 더욱 재미있게 공부하기 위해 알아 두면 좋은 수학 내용을 간략하게 소개하고자 합니다.

함수

함수의 기본적인 개념은 중학생 이상의 학생들이 수업 시간에 배운 내용이므로 그냥 넘어가도록 하겠습니다. 하지만 그 함수 개념이 위상기하의 내용을 이해하는 데 어떻게 활용되는지를 알고 싶거나, 함수에 대한 정확한 학습을 위해서라도 한 번 정독을 해 보는 것이 좋을 것으로 생각합니다. 여기서는 함수를 '단사함수, 전사함수, 전단사함수'의 세 가지로 분류하여 알아보고자 합니다.

함수 개념은 어떤 한 집합에서 다른 집합으로 옮겨 가는 개념과 관련된 것으로 생각할 수 있는데 수학에서는 어떤 한 집합 내에서 벌어지는 수학적 속성에 대하여 알아보기도 합니다. 또한 2개 이상의 집합 안에 들어 있는 원소들 사이의 관계를 찾아보거나, 한쪽 집합의 원소에 변화를 주어서 다른 쪽 집합의 원소로 옮겨 가는 것에 대하여 그 성질을 알아보기도 합니다.

이때 필요한 개념이 바로 함수이고, 위상수학에서 위상적 변화에 대하여 알아보기 위해서는 이러한 함수 개념을 아는 것이 필수적이라고 할 수 있습니다. 그러면 먼저 단사함수에 대하여 알아봅시다.

(1) 단사함수

단사함수는 '일대일함수'라고도 하는데, 치역의 임의의 원소에 대응하는 정의역의 원소가 단 하나뿐인 함수를 말합니다. 이것은 어떤 함수의 두 종속변수의 값이 같으면 그 함수의 독립변수의 값도 서로 같다는 것을 뜻합니다.

이 성질을 수식으로 표현하면, 함수 f가 단사함수라는 것은 모든 독립변수 a, b에 대해 '$f(a)=f(b)$'일 경우, '$a=b$'가 성립하는 것을 말합니다. 또한 이것을 대우명제로 표현하면 '$a \neq b$'일 경우, '$f(a) \neq f(b)$'가 되는 것을 의미합니다.

여기서 잠깐! 'p이면 q이다.'라는 명제가 있을 때, 이 명제의 대우명제는 'q가 아니면 p가 아니다.'입니다. 또한 집합 X에서 집합 Y로의 함수 f에 대하여 X를 f의 정의역이라고 하며, 집합 X의 임의의 원소 x에 대응하는 집합 Y의 원소 y를 나타내는 함수 $y=f(x)$에서 집합 Y를 치역이라고 부른답니다.

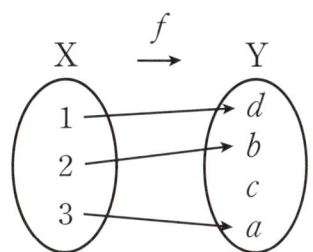

여기서 단사함수의 예와 반례를 한 가지씩 들어 보면 다음과 같습니다.

▶ $f:R \to R$, $f(x)=2x+1$로 정의된 함수는 단사함수입니다. 그 이유는 앞에서 설명한 내용을 이용하여 여러분이 한번 알아보기 바랍니다.
▶ $g:R \to R$, $g(x)=x^2$으로 정의된 함수는 일대일함수가 아닙니다. 왜냐하면 $g(1)=g(-1)=1$인 경우가 생기기 때문입니다.

단사함수의 여부를 기하학적인 함수의 그래프를 가지고 판단해 보는 방법을 이 푸앵카레가 가르쳐 주면 다음과 같습니다.

일반적으로 어떤 함수의 정의역 X와 공역 Y가 모두 실수 집합인 R이고 $f:R \to R$의 그래프가 어느 수평선에 대해서도 두 번 이상 만나지 않는다면 단사함수라고 할 수 있습니다.

즉, 오른쪽 페이지의 함수 그래프에서 왼쪽은 단사함수지만 오른쪽은 단사함수가 될 수 없습니다. 그 이유는 왼쪽의 경우는 수평선 위에서 한 번 만나고 있지만, 오른쪽의 경우는 세 번 만나기 때문입니다. 이 방법은 여러분이 학교에서 단사함수와 관련된 문제를 풀 때도 유용하게 사용할 수 있는 내용입니다.

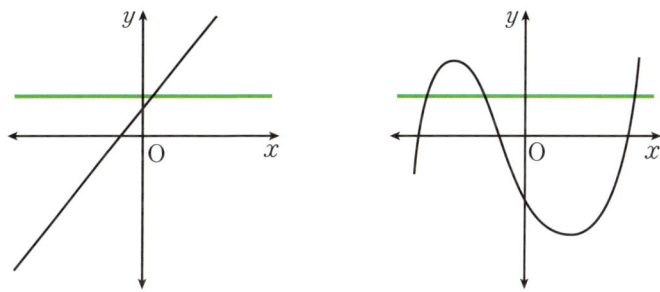

(2) 전사함수

전사함수는 임의의 공역의 원소에 대응하는 정의역의 원소가 1개 이상 존재하는, 다시 말해 공역과 치역이 같은 함수를 말합니다.

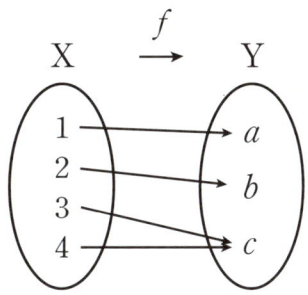

(3) 전단사함수

전단사함수는 함수 $f:X \to Y$ 중에서 Y의 모든 원소 y에 대해 $f(x)=y$를 만족하는 X의 원소 x가 반드시 하나만 있는 함수를 말하며, '일대일대응'이라고도 부릅니다.

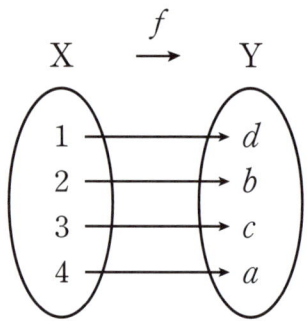

수업 정리

❶ 위상기하에서 어떤 대상을 서로 다른 것으로 볼 때의 기준이 되는 요소는 '차원, 변모서리의 개수, 면의 개수'입니다.

❷ 위상기하는 대상을 구분하고 통합하면서 각 종류별로 위상적 특성에 대한 연구를 하는 수학 분야입니다.

❸ 위상이라는 용어는 위상공간을 구성하는 요소인 위상이라는 좁은 의미의 개념 외에도 위상을 다루는 연구 분야의 전반을 지칭하는 데 사용되고 있습니다.

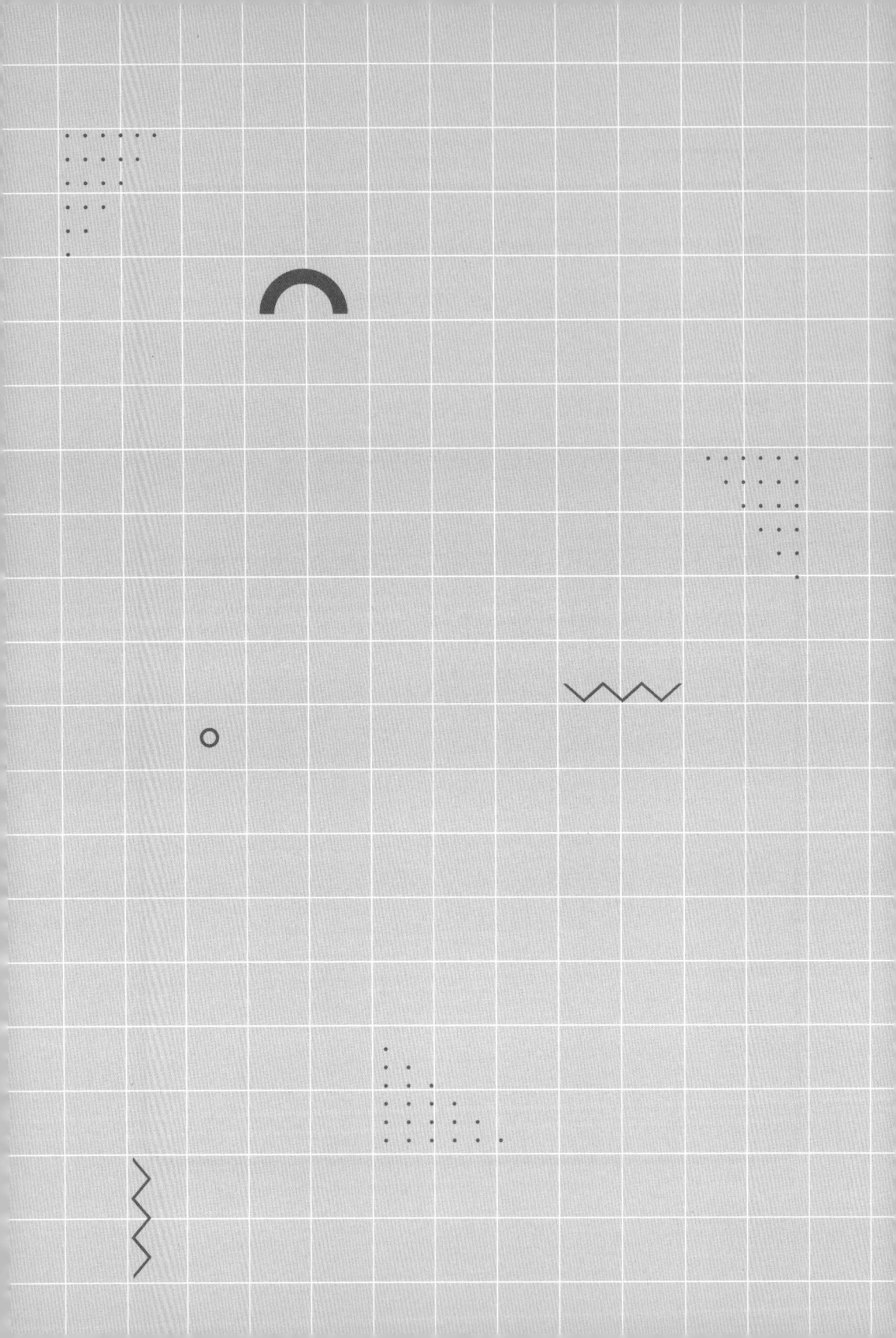

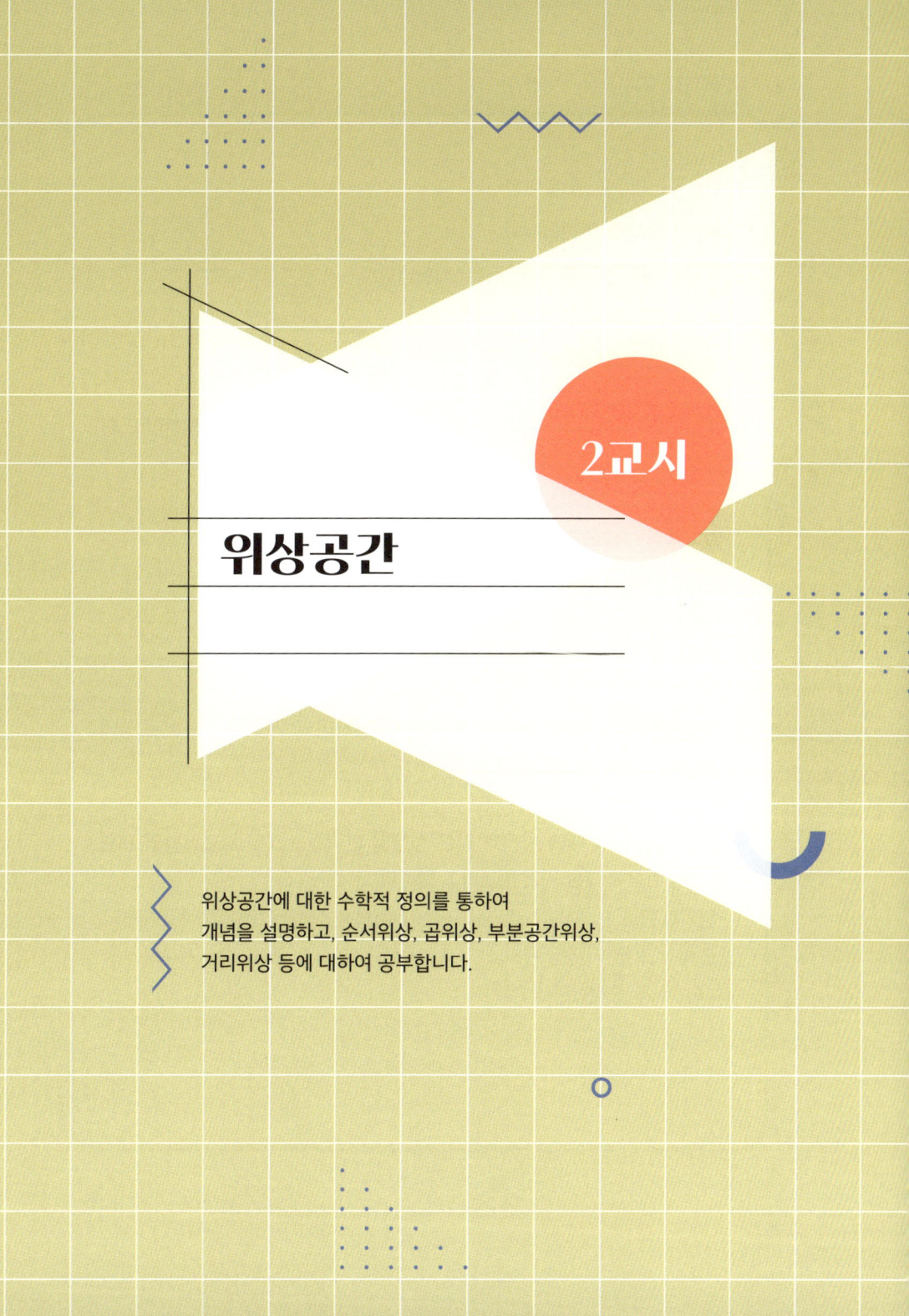

위상공간

2교시

위상공간에 대한 수학적 정의를 통하여 개념을 설명하고, 순서위상, 곱위상, 부분공간위상, 거리위상 등에 대하여 공부합니다.

수업 목표

1. 위상공간의 의미를 알아봅니다.
2. 위상의 의미를 이해합니다.
3. 위상의 예와 반례를 구분하고 이해합니다.

미리 알면 좋아요

1. **수렴** 변수 x가 한없이 일정한 값 a에 가까워질 때 x는 a에 수렴한다고 합니다.

2. **순서관계** 다음의 조건을 만족시키는 관계 $\geq$ 를 말합니다.
(1) $x \geq x$ 반사율
(2) $x \geq y \geq z$ 이면, $x \geq z$ 추이율
(3) $x \geq y \geq x$ 이면, $x = y$ 반대칭률

3. **거리공간** 실수 R에서 거리를 절댓값을 이용하여 $d(x, y) = |x-y|$ 로 정의하였을 때, (R, d) 는 거리공간입니다.

4. **기저** 집합 X에 대해 다음과 같은 성질을 만족하는 X의 부분집합의 모임 B를 X의 위상에 대한 기저basis라고 합니다.
(1) 임의의 원소 $x \in X$ 마다 x가 들어 있는 기저의 원소 b가 적어도 하나 존재한다.
(2) 만약 x가 두 기저의 원소 b_1, b_2의 원소일 때, x가 들어 있는 기저의 원소 $b_3 \subset b_4 \cap b_5$ 가 존재한다.

푸앵카레의 두 번째 수업

앞에서 공부한 함수의 개념을 활용하여 위상공간topological space에 대하여 알아보기로 합시다.

위상공간은 수렴convergence, 연결connectedness, 연속continuity 같은 수학의 여러 분야에서 기본적으로 사용하는 개념과 밀접하게 관련되어 있습니다. 그리고 이 세 개념은 현대 수학의 거의 모든 분야에 등장하는 중심 개념이라고 할 수 있습니다.

위상공간이라는 개념은 우리가 초등학생 때부터 배워 온 유클리드 기하 공간이나 도형을 보다 일반화시킨 기하학적 공간이나 도형 개념으로 이해할 수 있습니다.

예를 들어, 유클리드 공간을 위상공간으로 일반화시킴으로써 우리는 공간 내에서 도형의 구성 요소의 정확한 위치나 크기 같은 수학을 하는 데 여러모로 불편했던 제한 요건에서 벗어나 도형의 구성 요소 사이의 상대적 위치나 순서에만 집중할 수 있습니다. 이것은 그 도형에 대한 연구를 보다 쉽게 해 줌으로써 주어진 도형의 기본적 속성에 더 가까이 접근할 수 있게 해 줍니다.

이런 특성을 갖는 위상공간의 수학적 정의는 다음과 같습니다.

> '위상공간'은 아래의 조건을 만족하는 부분집합의 모임 T가 정의되어 있는 집합 X를 말한다.
> ① 공집합 ϕ과 X는 T의 원소이다.
> ② T 안의 임의의 집합들의 합집합도 T의 원소이다.
> ③ T 안의 유한한 집합들의 교집합도 T의 원소이다.

여기서 T를 위상공간 X의 위상이라고 합니다. T 안의 원소를 '위상공간 X에서의 열린집합'이라 하고, 특별히 어떤 점을 포함하는 열린집합을 말할 때 그 점의 근방이라고 말합니다.

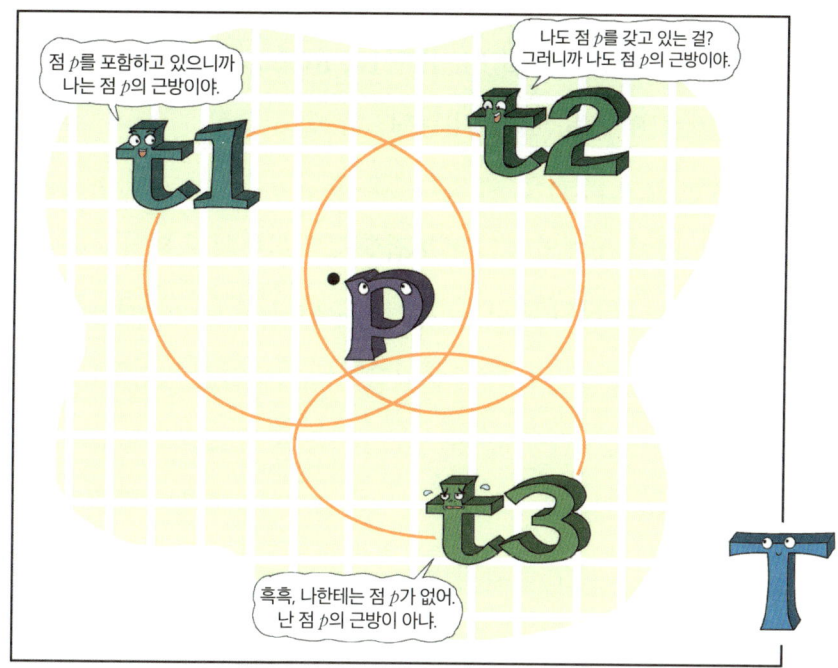

위의 그림에서 위상공간 X의 위상 T 중에 $t1$과 $t2$는 점 p를 포함하므로 점 p의 근방이라고 할 수 있지만, $t3$은 점 p를 포함하지 않기 때문에 점 p의 근방이 될 수 없습니다.

이제 앞에서 정의한 위상의 개념을 가지고 위상의 예와 반례를 알아보면서 위상이란 개념에 좀 더 익숙해지기로 합시다.

조건을 하나씩 따져 가며 만족하는지를 살펴보아야 합니다.

(1) $X=\{a,b,c,d\}$일 때, $T_1=\{\phi, \{a,b,c,d\}\}$는 X의 부분집합 2개로 이루어진 위상입니다.

(2) $X=\{a,b,c,d\}$일 때, $T_2=\{\phi, \{b\}, \{a,b\}, \{b,c\}, \{a,b,c\}, \{a,b,c,d\}\}$는 6개의 X의 부분집합으로 이루어진 위상입니다.

(3) $X=\{a,b,c\}$일 때, $T_3=\{\phi, \{a\}, \{b\}, \{c\}, \{a,b\}, \{b,c\}, \{a,c\}, \{a,b,c\}\}$는 X의 모든 부분집합으로 이루어진 위상입니다.

: (1), (2), (3)은 모두 조건 ①, ②, ③을 만족하므로 위상입니다.

(4) $X=\{a,b,c\}$일 때, $T_4=\{\{a\}, \{b\}, \{a,b\}\}$는 조건을 위반하기 때문에 모두 위상이 될 수 없습니다.

(5) $X=\{a,b,c\}$일 때, $T_5=\{\phi, \{a\}, \{b\}\}$는 조건을 위반하기 때문에 모두 위상이 될 수 없습니다.

: 공집합 ϕ와 $X=\{a,b,c\}$가 각각 T_4, T_5의 원소가 아니므로 (4), (5)는 위상이 될 수 없습니다.

다음은 위상공간에 대하여 알아보겠습니다. 위상공간이란 바로 앞에서 설명한 위상이 정의될 수 있는 공간을 말합니다.

(1) 순서위상

일반적으로 쓰이는 실직선 집합에서의 열린 부분집합은 그 실직선 집합 내의 임의의 열린구간의 합집합으로 만들 수 있습니다. 즉, 실직선 집합상의 모든 열린구간의 집합을 위상으로 갖는 실수집합이라는 위상공간을 생각해 볼 수 있습니다.

이때 실직선상의 모든 열린구간의 집합을 실수집합의 표준위상이라고 합니다. 이 표준위상의 개념을 확장하여 임의의 순서집합에서도 표준위상을 만들 수 있는데, 특히 이러한 위상을 순서위상이라 하고 다음과 같이 정의합니다.

구간에 따른 순서위상의 각 경우를 살펴보기로 합시다.

집합 X를 순서관계<가 주어진 순서집합이라고 할 때, 구간으로 이루어진 집합 X의 위상을 '순서위상'이라고 한다.

첫째, 모든 열린구간 $(a, b) = \{x | a < x < b\}$로 이루어진 집합 X의 위상이 있습니다.

둘째, a_0가 X에서 가장 작은 원소일 때, 모든 반열린구간 $[a_0, b) = \{x | a_0 \leq x < b\}$로 이루어진 집합 X의 위상이 있습니다.

셋째, b_0가 X에서 가장 큰 원소일 때, 모든 반열린구간 $(a, b_0] = \{x \mid a < x \leq b_0\}$로 이루어진 집합 X의 위상이 있습니다.

(2) 곱위상

어떤 두 위상공간이 있을 때, 두 위상공간의 곱집합도 자연스럽게 두 위상공간의 각각의 위상의 곱을 사용하여 위상공간으로 만들 수 있습니다. 이러한 위상을 곱위상이라고 하며 다음과 같이 정의합니다.

> X와 Y가 위상공간이라고 할 때, X에서 열린집합 U와 Y에서 열린집합 V의 곱집합 U×V와 같은 모든 집합을 원소로 갖는 모임 B를 기저로 갖는 X×Y의 위상을 '곱위상'이라고 한다.

여기서 잠깐! 열린집합이란 무엇일까요? 집합 U가 열려 있다는 것은 직관적으로 말해서 U에 속하는 임의의 점 x가 어떤 방향으로든 작게 움직여도 U에 속한다는 것을 뜻합니다.

예를 들어 $0<x<1$을 만족하는 모든 실수 x로 이루어진 구간 (0, 1)은 열린집합입니다. 반면 $0<x≤1$을 만족하는 구간 (0, 1]은 이 집합의 원소 $x=1$을 양의 방향으로 움직인다고 했을 때, 아무리 작게 움직인다 하여도 이 집합을 벗어나기 때문

에 열린집합이 아닙니다.

그렇다면 닫힌집합은 무엇일까요? 당연히 그 집합의 여집합이 열린집합인 집합을 말하는 거겠지요? 팁을 하나 더 제공하자면, 기저를 사용할 때 열린집합은 임의의 기저의 합집합으로 표현할 수 있답니다.

(3) 부분공간위상

위상공간이 주어지면 그 부분집합에 대해서도 위상을 부분집합으로 제한함으로써 자연스럽게 부분집합의 위상을 만들 수 있습니다. 이러한 위상을 부분공간위상이라고 하며, 다음과 같이 정의합니다.

> X는 T를 위상으로 갖는 위상공간이다. 이때 X의 임의의 부분집합인 Y와 X에서 열린집합 U에 대해 다음과 같이 정의된 집합 $T_Y = \{Y \cap U \mid U \in T\}$는 Y의 위상이 되며, 이러한 위상을 '부분공간위상'이라고 한다.

(4) 거리위상

어떤 집합의 위상을 만들어 내는 방법 중에서 가장 중요한 방법 하나가 거리를 사용해 위상을 나타내는 것입니다. 이렇게 주어진 위상을 거리공간의 거리위상이라고 하고, 다음과 같이 정의합니다.

(X, d)는 거리공간이다. 이때 집합 X의 모든 원소 x를 중심으로 반지름이 $\varepsilon(>0)$인 모든 $\varepsilon-$공 $B_d(x, \varepsilon)$들의 집합을 X의 위상으로 가질 때, 이런 위상을 거리 d로 유도된 '거리위상'이라고 한다.

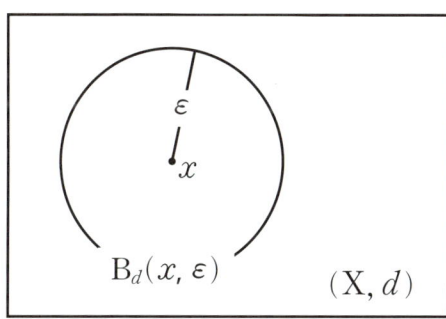

연속함수

두 위상공간 사이의 관계를 형성하거나 그 성질을 알아볼 때 가장 적절한 사상(함수)은 연속함수입니다.

어떤 함수 f가 연속함수라는 것은 그 함수값 $f(x)$를 포함하는 임의의 근방 U에 대하여 점 x를 포함하는 충분히 작은 근방을 선택, 그것이 f를 통해 U 안으로 다시 보내지는 성질을 만족시키는 함수임을 의미합니다.

이는 한 위상공간 내의 서로 가까이 위치하고 있는 점들은 다른 위상공간 내에서도 서로 가까이 놓여 있는 점들로 보내진다는 거리공간상의 연속함수의 정의를 일반화한 셈이 됩니다.

이 연속함수는 열린집합을 사용하여 정의하는 것이 일반적인데, 경우에 따라서는 다른 방법으로 정의하기도 합니다. 그러면 연속함수를 정의하는 다양한 방법에 대하여 알아봅시다.

열린집합을 사용한 연속함수의 정의

어떤 함수 $f : X \to Y$가 연속이라는 것은 Y에서 열려 있는 모든 집합 V의 원상 $f^{-1}(V)$가 X에서 열린집합인 것을 말한다.

> **닫힌집합을 사용한 연속함수의 정의**
>
> 어떤 함수 $f : X \to Y$가 연속이라는 것은 Y에서 닫혀 있는 모든 집합 V의 원상 $f^{-1}(V)$가 X에서 닫힌집합인 것을 말한다.

그런데 위의 두 방법에 의한 정의는 집합 전체를 다루기 때문에 사용하는 데 다소 불편할 수 있습니다. 하지만 각 점을 기준으로 주어진 함수의 연속성을 알아볼 수 있다면, 보다 편리하게 함수의 연속 여부를 알 수 있지요. 그럼 다음에서 연속함수의 새로운 정의 방법에 대하여 알아볼까요? 먼저 그림부터 확인해 보면 다음과 같습니다.

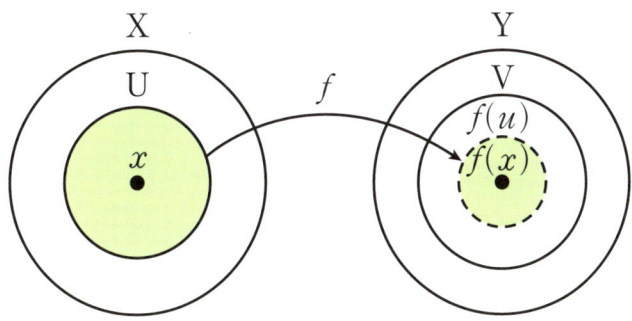

> **임의의 점을 기준으로 한 연속함수의 정의**
>
> 임의의 점 $x \in X$와 $f(x)$의 근방 V에 대하여 $f(U) \subset V$인 x의 근방 U가 존재한다.

따라서 임의의 점 $x \in X$에서 함수 f가 위 조건을 만족할 경우, 함수 f는 점 x에서 연속이라고 말할 수 있습니다. 또한 연속함수는 다음 위상공간의 몇 가지 성질을 보존해 주기 때문에 위상수학에서의 연속함수는 매우 유용하다고 할 수 있습니다.

> **위상수학에서 연속함수의 성질**
>
> ▶ $f : X \to Y$와 $g : Y \to Z$가 연속이면, 합성함수 $g \circ f : X \to Z$도 연속이다.
>
> ▶ $f : X \to Y$가 연속일 때 X가 연결되어 있으면, $f(X)$도 연결되어 있다.

그렇다면 위상수학에서 연속함수 성질의 예를 알아볼까요? 먼저 $y = f(x) = x$, $z = g(y) = 2y$라고 하면, $z = g(f(x)) = 2x$

이므로 함수 f, g가 연속이면 합성함수 $g \circ f$도 연속임을 알 수 있습니다.

또한 $y=f(x)=x$에서 x가 실수면 y도 실수이지요. 이때 실수는 전부 연결되어 있답니다. 따라서 함수 $f:\mathrm{X}\rightarrow \mathrm{Y}$가 연속일 때 X가 연결되어 있으면 $f(x)$도 연결되어 있습니다.

수업정리

❶ '위상공간'은 다음의 조건을 만족하는 부분집합의 모임 T가 정의되어 있는 집합 X를 말합니다.

▶ 공집합 ϕ과 X는 T의 원소이다.
▶ T 안의 임의의 집합들의 합집합도 T의 원소이다.
▶ T 안의 유한한 집합들의 교집합도 T의 원소이다.

❷ T를 위상공간 X의 '위상'이라고 할 때 T 안의 원소를 '위상공간 X에서의 열린집합'이라 합니다. 또한 특별히 어떤 점을 포함하는 열린집합을 말할 때 그 점의 '근방'이라고 말합니다.

위상동형사상

3교시

'위상동형사상'에 대해 알아보고, 위상기하가
'위상적으로 같은 모양'을 활용하여 어떻게
공간과 물체를 파악하게 되는지 공부합니다.

수업 목표

1. 위상동형사상에 대하여 알아봅니다.
2. 위상동형의 의미를 이해합니다.
3. 위상동형 여부를 직관적으로 판단합니다.
4. 위상적으로 같은 모양에 대하여 그 이유를 직관적으로 판단합니다.

미리 알면 좋아요

1. **원환체** 다음 그림처럼 속이 비어 있는 튜브 모양의 입체도형을 말합니다.

2. **세잎매듭** 다음 그림과 같은 모양으로 원이 꼬여서 이루고 있는 모양을 말합니다.

3. **개구간** 열린구간을 말하며 특히 수직선상에서의 a부터 b까지 $a<b$ 표시된 개구간은 다음 그림과 같이 많이 나타냅니다.

4. **오목 폐곡선** 다음 그림과 같이 도형 내부의 서로 다른 두 점을 선분으로 연결하면 도형의 경계와 만나는 경우가 반드시 있는 닫힌곡선을 말합니다.

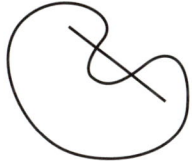

푸앵카레의 세 번째 수업

이번 시간에 우리가 알아볼 개념은 위상동형사상位相同型寫像, homeomorphism입니다. 한자어로 표기되어 있어서 다소 어렵게 느껴질 수 있으나, 알고 보면 어려울 것이 전혀 없는 개념입니다. 이제부터 이 푸앵카레를 믿고 설명을 들으면 충분히 쉽게 이해하게 될 것입니다.

우선 사상이란 말은 함수라는 말로 바꾸어도 크게 문제가 없으니 함수로 생각하기 바랍니다. 그렇게 되면 위상수학에서 말하는 위상동형사상의 의미는 함수에서 말하는 정의역의 위상 공간에 있는 원소가 갖는 위상적 성질을 그대로 보존하면서 공역의 원소로 보내는 함수라는 의미가 됩니다.

예를 들어 '부드럽게'라는 이름의 위상동형사상을 한번 생각해 보기로 합시다. 그리고 이 사상의 정의역을 모든 각진 도형의 모둠이라고 하고, 공역은 모든 부드러운 곡선으로 이루어진

도형의 모둠이라고 가정을 해 봅시다. 그런 다음 '부드럽게'라는 사상이 정의역에 있는 각진 도형에서 각진 부분을 부드럽게 펴서 보내는 역할을 한다고 정하면 어떻게 될까요?

이 사상은 정의역에 있는 도형이 갖고 있었던 위상적 성질인 도형의 구성 요소들의 상대적인 위치나 순서를 변함없이 보존시키면서 공역의 적당한 도형으로 보낼 수 있게 됩니다.

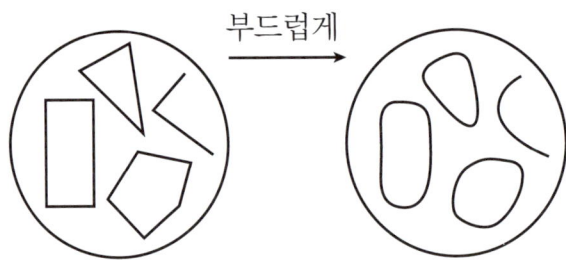

이와 같이 두 위상공간 사이에 위상적 성질을 그대로 보존하여 만들 수 있을 경우, 이 두 공간은 서로 위상동형이라고 합니다. 즉, 위상수학적 관점에서 이 둘은 동일한 공간이라고 말할 수 있다는 뜻입니다.

다시 말하면, 위상동형사상은 한 위상공간 내의 도형을 다른 위상공간 내로 보낼 때 한 위상공간 내의 기하학적 물체를 찢거나 새로 갖다 붙이지 않고, 구부리거나 늘이거나 비트는 것만으로 다른 형태로 변형시키는 것을 의미합니다. 즉, 그런 방법으로 변형시킬 경우 정사각형은 원과 같은 모양으로 변형시킬 수 있기에 원과 정사각형은 위상동형이 되는 것입니다.

입체도형의 예를 들어 볼까요? 우리가 즐겨 먹는 도넛과 손잡이가 1개 달린 머그잔을 비교해 보면, 이 둘은 서로 위상동형이 됩니다. 어떻게 그럴 수 있냐고요? 잘 생각해 보세요.

고무찰흙을 이용하여 도넛이나 머그잔 중에 어느 것 하나를 만든다고 상상해 봅시다. 그다음 이를 잘 주물러서, 즉 늘이거나 구부리거나 비트는 방법으로 절대로 일부를 뜯어내거나 구멍을 내거나 다른 부분을 가져다 붙이거나 하지 않고 다른 물건을 만들 수 있는 것과 같은 이치입니다.

따라서 구와 원환체torus, 튜브 모양는 서로 위상동형이 될 수가 없습니다. 왜냐하면 구나 원환체는 둘 중 하나를 아무리 구부리거나 늘이거나 비틀어서 변형시키더라도 서로 같은 물체의 모양이 될 수 없기 때문입니다.

여러분의 머릿속에 그림이 그려지고 있나요? 이해하기 쉽지 않다면 다음의 그림을 통해 확인해 보도록 하지요.

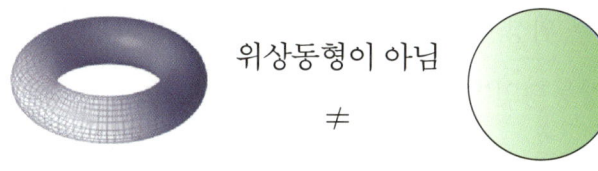

위상동형이 아님
≠

이와 같이 위상수학은 위상동형사상에 의하여 연결된 두 대상이 공통적으로 갖고 있는 성질을 연구하는 수학의 한 분야라고 볼 수도 있습니다.

그럼 지금부터 위상동형사상과 위상동형에 대하여 수학적인 방법으로 알아보도록 하겠습니다. 먼저 위상동형사상에 대한 수학적인 정의를 살펴보면 다음과 같습니다.

> 위상공간 X와 Y가 주어져 있다. $f:X \to Y$는 두 위상공간 사이의 함수이다. 이 함수 f가 다음의 세 조건을 만족하면 f를 '위상동형사상'이라고 한다.
> ▶ f는 전단사함수이다.
> ▶ f는 연속함수이다.
> ▶ 역함수 f^{-1}도 연속이다.

위의 세 가지 조건을 만족하는 함수가 두 위상공간 사이에 존재할 때 두 위상공간을 서로 위상동형이라고 말합니다. 그러면 이제 위상동형인 위상공간의 예를 알아보도록 합시다.

(1) 아래 그림의 세잎매듭은 원과 위상동형입니다.

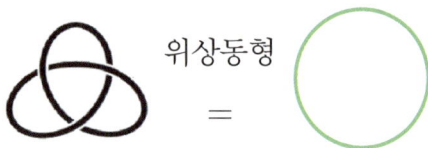

(2) 두 원 S^1의 곱집합인 $S^1 \times S^1$과 2차원 원환체는 위상동형입니다.

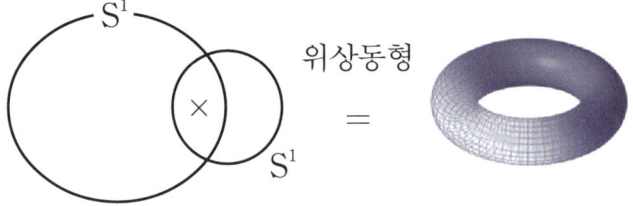

(3) (−1, 1) 사이에 무수히 많은 수는 모두 실수와 일대일대응이 가능하기 때문에 전단사함수이고, 이 둘을 연결하는 함수 및 역함수는 모두 연속이에요. 그러므로 개구간 (−1, +1)과

실수 전체는 위상동형입니다.

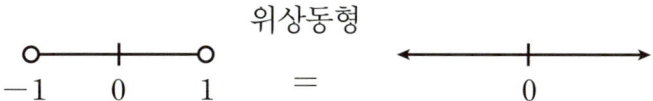

위에서 예로 든 도형의 경우에서도 알 수 있지만, 두 위상동형인 공간은 서로 위상적 성질이 같습니다. 우리가 익숙해하는 유클리드 기하의 시각으로 볼 때 크기나 모양 등의 면에서 서로 다른 점이 많지만, 각각의 연결 상태나 그 위 점들의 상대적 위치나 순서 등에 있어서는 같음을 알 수 있습니다.

지금까지 다음 장에서부터 나올 위상기하의 내용과 이를 재미있게 실제와 연결시킨 주제를 이해하는 데 필요한 기본적인 수학 내용으로 함수, 위상공간, 연속함수, 위상동형사상에 대해 공부했습니다.

경우에 따라서는 이미 학교에서 공부한 내용일 수도 있고, 처음 보는 내용일 수도 있을 것입니다. 하지만 중학교에서 함수를 배운 학생이라면 천천히 정독했을 때 충분히 이해할 수 있을 것입니다. 또한 초등학생이라 할지라도 여기서 다룬 내용은 건너뛰어도 뒤에 나오는 내용과 관련하여 수학의 흥미로운 면을 경험하는 데는 아무런 지장이 없을 것입니다. 이제부터 각자의 방식으로 다음에 나올 위상기하의 흥미로운 현상에 대해 관심을 갖고 즐겨 보기 바랍니다.

위상적으로 같은 모양

자, 이제 앞에서 공부한 내용인 함수, 위상공간, 연속함수, 위상동형사상을 토대로 위상기하학의 흥미로운 면에 대하여 좀 더 알아보기로 합시다.

우선 수학의 한 분야인 기하학은 우리가 살고 있는 공간이나 그 안에 존재하는 물체들에 대한 기본적인 시각을 정해서 그 공간이나 그 안에 존재하는 물체들에 대한 속성 혹은 그 안에 존재하는 변함없는 원리 등을 밝혀내는 분야라고 할 수 있습니다. 즉, 기하학은 우리가 살고 있는 우주 공간과 그 안에 존재하는 물체들을 나름대로 파악하고 이해하는 시각이나 수단을 제공한다고 할 수 있습니다.

이와 같이 공간과 물체를 파악할 수 있는 수단으로서 우리가 초등학생 때부터 배워 온 기하는 이른바 유클리드 기하라고 하여 고등학생 때까지 학교에서 배우는 기하의 거의 전부를 차지하는 내용이라고 할 수 있습니다. 그런데 공간과 물체에 대한 파악의 수단으로서 기하는 유클리드 기하처럼 한 가지 형태만 있는 것이 아닙니다. 먼저 여러분은 공간과 물체에 대한 파악을 위하여 여러 가지 다른 수단이나 시각을 제공하는 또 다른 기하가 있다는 것을 알 필요가 있습니다. 이 책에서 주로 다루고 있는 위상기하가 바로 유클리드 기하와는 사뭇 다른, 공간과 사물에 대한 파악과 이해의 수단을 제공해 주고 있는 것입니다.

그럼 지금부터 위상기하가 우리가 오래전부터 알아 온 유클리드 기하와 어떻게 다른지, 즉 위상기하는 이 세상을 어떻게 보기를 원하고 있는지에 대하여 알아보기로 합시다.

먼저 이 세상에 존재하는 도형이나 물체를 위상기하에서 보는 방식은 무엇일까요?

결론적으로 말하면 위상기하에서는 다음 페이지의 두 도형을 서로 같은 도형으로 생각합니다. 유클리드 기하에서는 있을 수 없는 일이고, 우리의 상식에서 볼 때도 이 둘은 엄연히 다른 도형으로 보입니다. 하지만 위상기하 관점에서 볼 때는 정말 똑같은 도형이 됩니다.

그 이유는 다시 오른쪽 페이지의 그림과 같이 사각형의 점들의 집합으로부터 타원이란 점들의 집합으로 보내어지는 전단사함수를 만들어 보는 과정에서 찾아낼 수 있을 것입니다.

그 함수는 사각형의 어느 점에서 잡은 열린구간을 다시 타원의 열린구간으로 보낼 수 있고, 그런 함수의 역함수도 타원의 열린구간을 다시 사각형의 열린구간으로 언제든지 보낼 수 있습니다. 즉, 앞서 공부한 내용들을 이용해 볼 때, 사각형으로부터 타원으로 향하는 다음 세 가지의 성질을 만족시키는 전단사함수를 만들어 볼 수 있으며, 이로써 같은 도형임이 증명된다 하겠습니다.

▶ f는 전단사함수이다.
▶ f는 연속함수이다.
▶ 역함수 f^{-1}도 연속이다.

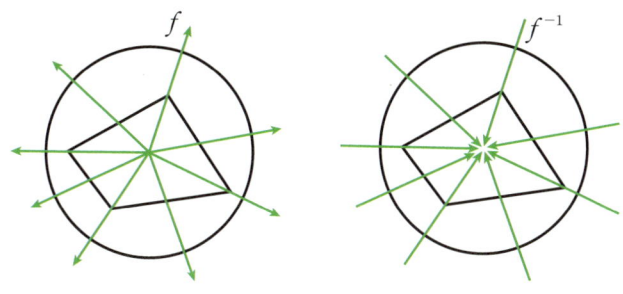

　직관적으로 위의 두 도형, 사각형과 타원 중 한 도형 모양의 고무 밴드가 있을 때 이를 적당히 늘리거나, 구부리거나, 비틀어서 다른 도형의 모양이 되게 만드는 것은 가능한 일입니다. 그리고 그러한 변형이 가능한 것을 수학적으로 조건화한 것이 바로 왼쪽 페이지의 세 가지이며, 이때 이 세 가지 조건을 모두 만족시키는 함수 f를 위상동형사상이라 하는 것입니다.

　이렇게 두 공간도형 사이에 위상동형사상이 만들어지면 두 공간도형은 서로를 위상동형이라고 부릅니다. 즉, 앞의 두 도형은 우리가 그동안 배워 온 기하에 비추어 보면 완전히 다른 도형이며 단지 폐곡선이라는 공통점만을 갖고 있는 것이 되지만, 이들을 위상수학적 관점으로 보면 완전히 같은 도형이 되는 것입니다. 여기서 폐곡선이란 곡선 위의 한 점이 한 방향으로 움직여 다시 출발점으로 되돌아오는 곡선을 말한답니다.

한편 앞의 예와 달리 다음과 같은 오목 폐곡선과 볼록 폐곡선의 경우, 앞의 방식처럼 중앙의 한 점에서 방사선 모양으로 퍼져 나가는 대응을 사용하게 되면 전단사함수가 만들어지지 않습니다. 때문에 이런 경우에는 다른 방식으로 정의된 전단사함수를 만들게 되는데, 뭔가 특별한 방식은 아니더라도 신축성이 좋은 고무판 위에 두 도형을 그려 넣은 다음 어느 한쪽의 고무판을 적당히 늘리거나 구부리거나 비트는 방법으로도 다른 도형과 일치하게 만들 수 있습니다. 그러므로 이 경우에도 두 공간도형 사이에 위상동형사상은 만들어질 수 있고, 따라서 두 도형은 위상동형의 도형이 되어 위상기하에서는 같은 도형으로 보게 되는 것입니다.

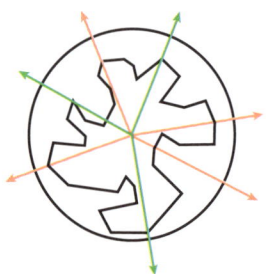

이와 같이 위상수학의 시각으로 물체나 도형을 보면 단순 폐

곡선, 즉 평면상에 존재하거나 겹쳐지지 않은 폐곡선의 경우, 그 크기나 모양에 관계없이 동일 도형으로 봅니다. 다시 말해, 초등학생 때부터 엄연히 서로 다른 도형으로 생각해 온 삼각형, 사각형, 오각형, ……, n각형 들은 물론 원, 타원 등의 도형을 모두 똑같은 하나의 도형으로 본다는 것이지요.

자, 여기까지 듣고서 여러분은 어떤 생각을 했나요? 이처럼 제각각 다른 도형으로 생각해 왔던 것들이 서로 같은 것이며 단 한 가지의 도형으로 취급된다면, 우선 공부할 양이 엄청나게

줄어들 것이라는 기대가 생기지 않습니까?

　이 말은 그냥 하는 농담이 아니라 실제로 가능한 일입니다. 왜냐하면 유클리드 기하에서는 삼각형과 사각형의 구성 요소가 서로 다르고, 두 도형이 갖는 성질 또한 다른 것으로 보기 때문에 이들 각 도형의 구성 요소나 성질에 대하여 따로 공부해야 하지만, 위상수학에서는 이 두 도형을 동일한 구성 요소와 성질을 지닌 것으로 보기 때문에 이 한 가지의 구성 요소나 성질에 대해서만 공부하면 된다는 결론이 나오는 것입니다.

　이번에는 위상기하에서 서로 다른 도형을 구별하는 방법에 대해서 예를 들어 알아보도록 하겠습니다. 즉, 선분이나 직선처럼 양 끝이 서로 맞닿아 닫혀 있지 않아 폐곡선이 아닌 도형의 경우, 타원과 같은 폐곡선과는 왜 위상동형이 안 되는지 그 이유에 대해 알아보기로 합시다.

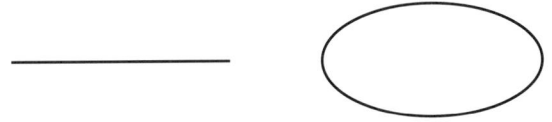

　위의 두 도형 중 왼쪽은 선분으로 양 끝이 연결되지 않아 닫

혀 있지 않은 반면, 오른쪽의 타원은 닫혀 있는 상태의 도형입니다. 이 경우 다음의 세 가지 조건을 만족시키면서 한쪽 도형에서 다른 도형으로 보내어지는 사상함수을 만들 수 있는가를 생각해 보면, 두 도형이 서로 모양이 같은 위상동형이 되는지의 여부를 판단할 수 있습니다.

▶ f는 전단사함수이다.
▶ f는 연속함수이다.
▶ 역함수 f^{-1}도 연속이다.

그런데 위의 조건 중 두 번째 조건 'f는 연속함수이다.'를 만족시키기 위해서는 두 도형 중 한 도형에서 다른 도형으로 보내지는 함수여야 하며, 한 도형의 열린 근방을 반드시 다른 도형의 열린 근방으로 보낼 수 있어야 하는데, 위의 도형의 경우 그것이 불가능함을 알 수 있습니다. 즉, 왼쪽 선분의 양 끝의 두 점이 바로 그 불가능한 지점이 되는데, 이 두 점에서는 그 점을 포함하는 열린 근방을 잡을 수가 없습니다. 이 두 점에서 근방을 잡으면 아래 그림과 같이 그 점 자체가 근방의 내부에 포함될 수 없지만, 타원 위 임의의 점에서는 어떤 근방을 잡아도 그 안에 점을 반드시 포함하고 있는 것을 알 수 있습니다.

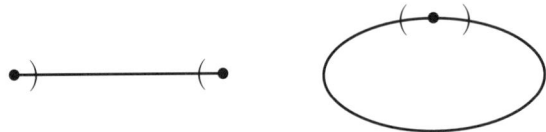

이번에는 이와 같은 위상기하적인 방법으로 우리가 살고 있는 우주 안에 존재하는 물체를 인식하고 식별할 때 어떻게 달라지는지에 대하여, 종전에 우리가 세상을 대하고 판단했던 방식과 비교해 잠시 생각해 보기로 하겠습니다.

우선 종전에 우리가 세상을 인식하는 방법에는 길이, 넓이, 부피와 같은 각 차원별 크기는 물론, 각도와 같은 크기까지도 물체를 인식하고 식별하는 기준으로 사용되어 왔습니다. 이와 같은 주변 대상에 대한 인식, 식별의 방식은 이른바 유클리드 기하에서 쓰이는 공간에 대한 인식, 식별의 방법이라고 할 수 있겠습니다. 이는 다시 말해, 우리가 살고 있는 공간과 그 안에 존재하는 대상을 수학적으로 인식, 식별하는 방법으로 실제로 우리가 본능적 혹은 일상적으로 대상을 인식하는 방법과는 큰 차이가 있다는 것입니다.

　우리가 본능적 또는 일상적으로 주변의 대상을 인식하는 과정을 가만히 생각해 봅시다. 대상이 갖고 있는 색깔, 가치, 용도 등 수학에서는 별로 관심을 갖지 않는 기준으로 파악하는 경우가 대부분이지 않나요? 다시 말해서 우리가 주변의 대상을 대할 때 일상적인 시각이 가장 복잡한 기준을 갖고 있다면, 유클리드 기하는 그보다는 간단한 기준을 갖고 있는 셈이고, 우리가 지금 배우고 있는 위상기하적 시각은 그보다도 더 단순화된, 가장 간단한 인식과 식별의 기준을 갖고 있다고 볼 수 있습니다. 그리고 이 중 위상기하처럼 대상을 인식, 식별하는 기준이 적으면 적을수록 대상의 본질에 접근하기란 더욱더 쉬워집니다.

　마치 어떤 사람에 대해 파악하고자 할 때 그 사람이 입고 있는 옷이나 갖고 있는 재산, 사회적 지위 등이 그 사람의 본성을 파악하는 데 오히려 방해 요인이 되는 것처럼, 최소의 기준으로 기하학적 탐구 대상인 공간이나 도형에 대하여 분석하는 것이 보다 본질적인 접근을 용이하게 해 주는 것입니다.

수업정리

위상 공간 X와 Y가 주어져 있을 때 $f: X \to Y$는 두 위상공간 사이의 함수입니다. 이 함수 f가 다음의 세 조건을 만족할 경우 f를 '위상동형사상'이라고 합니다.

▶ f는 전단사함수이다.
▶ f는 연속함수이다.
▶ 역함수 f^{-1}도 연속이다.

위상기하의 적용 (1)

'오일러 표수', '한붓그리기' 문제에
위상동형의 개념을 활용하여 재미있는 위상기하적
성질이나 원리를 알아봅니다.

수업 목표

1. 오일러 표수의 개념을 이해합니다.
2. 한붓그리기의 원리를 이해합니다.

미리 알면 좋아요

1. **피타고라스 정리** 무수히 많은 직각삼각형에 공통적으로 들어맞는 성질이며 $a^2+b^2=c^2$으로 나타낼 수 있습니다. 여기서 c는 빗변의 길이, a와 b는 나머지 두 변의 길이를 의미합니다.

2. **그래프** 집합점과 두 집합점을 연결하는 선으로 구성되어 있습니다. 예를 들어 아래의 그림은 5개의 집합점과 6개의 선으로 만들어진 그래프입니다.

푸앵카레의
네 번째 수업

    이번 교시부터는 앞에서 알아본 위상기하의 내용을 실제 현상에 적용하여, 재미있는 위상기하적 성질이나 원리에 대하여 즐겨 볼 수 있는 시간이 시작됩니다.
    그동안 앞의 수업들을 이해하느라 수고가 참 많았습니다. 이제부터는 위상수학이란 수학적 이론이나 공부에 대한 부담은 털어 버리고 가벼운 마음으로 나를 따라오기 바랍니다. 그럼 지금부터 시작해 볼까요?

오일러 표수

나 푸앵카레의 대선배인 레온하르트 오일러Leonhard Euler, 1707~1783를 잠깐 소개할까 합니다. 이분도 오랫동안 '오일러의 정리'나 '오일러 표수'처럼 위상기하적인 방법으로 도형의 상태를 연구해 왔답니다.

대체로 수학의 원리나 법칙 등을 살펴보면 우리가 생활하는 공간이나 그 안에 존재하는 물체 사이에 존재하는 불변의 진리인 경우가 많으며, 무수히 많은 대상에게 공통적으로 성립하는 원리라는 것을 알 수 있습니다. 실제로 수학사를 살펴보면 수학자들은 그와 같은 원리나 법칙을 고심 끝에 찾아내어 참으로 명쾌하면서도 간단한 방식으로 완벽하게 나타내서 우리에게 알려 주고 있다는 생각을 하게 되는데요. 예를 들어, 여러분이 너무도 잘 알고 있는 '피타고라스 정리'를 생각해 볼까요? 이 세상에서 우리가 생각할 수 있는 그야말로 무수히 많은 직각삼각형에 공통적으로 들어맞는 성질을 찾아내 '$a^2+b^2=c^2$'이라는 단 몇 개의 수나 문자, 기호를 사용하여 간단명료하게 나타내 주고 있다는 것이 놀랍지 않습니까?

오일러의 표수도 이에 못지않게 위상공간 속에 존재하는 무수히 많은 도형이나 물체의 공통된 성질을 간단하면서도 분명하게 보여 주고 있습니다. 오일러 표수란 특정 부류의 도형이나 물체에 해당하는 위상기하학적 불변량으로서, 위상공간 속의 도형이나 구조물이 위상적 변형에 관계없이 변함이 없는 값이 됩니다. 후세 사람들은 이 오일러 표수에 대해 오일러와 나의 이름을 함께 붙여서 오일러-푸앵카레 표수라고 부르기도 하고, 보통 그리스 문자 χ'크사이'라고 읽음로 표기하고 있습니다.

이 오일러 표수는 본래 다면체에서 정의되었고, 정다면체의 분류를 포함하며 다양한 다면체의 정리와 관련하여 사용되었습니다. 오일러의 표수 χ는 특정 다면체에서 v를 꼭짓점, e를 모서리, f를 면의 수라고 할 때 다음의 등식으로 나타낼 수 있습니다.

> 다면체의 꼭짓점의 수를 v, 모서리의 수를 e, 면의 수를 f라고 할 때 오일러의 표수 χ는 다음과 같다.
>
> $$\chi = v - e + f$$

만약 구와 연결 상태가 같을 경우 오일러 표수의 값은 그 모양에 관계없이 항상 2가 된답니다. 함께 그 원리를 알아볼까요?

　오일러의 표수는 정다면체나 다면체가 아니면서 일반적인 곡면으로 이루어진 경우라도 그 다면체 안에 바람을 불어 넣어 부풀리면 어떠한 모양이 될 것인가 하는 이른바 위상적 변형을 시키는 방법으로, 해당 물체와 부풀리기 전 다면체의 오일러 표수가 같다는 방식으로 계산할 수 있습니다. 다음의 예는 오일러 표수가 다르게 나타나는 여러 예들의 오일러 표수 괄호 안의

수를 계산해 놓은 것입니다.

	정사면체	정육면체	정팔면체	정십이면체	정이십면체
꼭짓점 수 : v	4	8	6	20	12
모서리 수 : e	6	12	12	30	30
면의 수 : f	4	6	8	12	20
오일러 표수 : $x=v-e+f$	2	2	2	2	2

여러분은 해당 도형이 부풀리기 전에 어떠한 다면체였는가를 생각해 보고, 직접 이 다면체의 오일러 표수를 계산하여 확인해 보기 바랍니다.

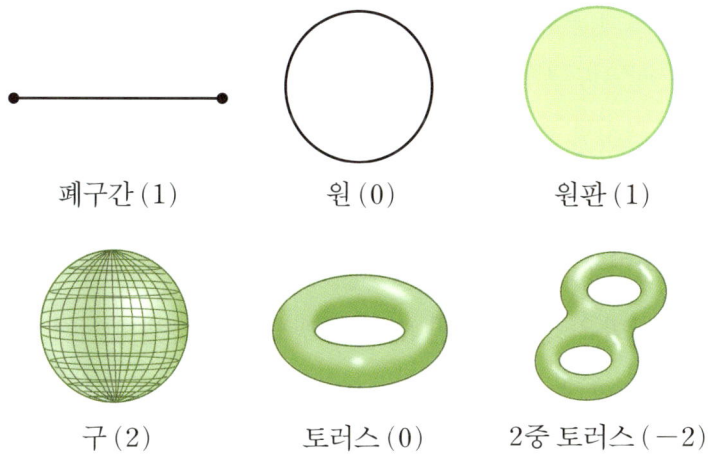

폐구간 (1)   원 (0)   원판 (1)

구 (2)   토러스 (0)   2중 토러스 (−2)

 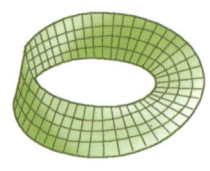 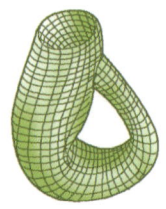

3중 토러스 (−4)   뫼비우스 띠 (0)   클라인병 (0)

위 도형들의 오일러 표수를 확인해 보았나요? 그렇다면 이제 재미있는 오일러 표수 놀이를 해 보겠습니다. 우리의 신체를 사용해서 할 수 있는 놀이인데, 먼저 다음과 같은 가정을 하고 시작하겠습니다.

우리의 신체는 2개의 팔과 2개의 다리가 있고 신체의 속은 텅 비어 있다고 가정하는 것입니다. 이때 자신의 신체를 사용하여 오일러 표수가 −2인 2중 토러스를 어떻게 만들어 볼 수 있을까요? 네, 그렇지요. 두 손을 맞대어 팔을 연결하고 두 발을 맞대어 다리를 연결하면 2중 토러스와 위상적으로 같은 도형이 만들어질 것입니다. 바로 오른쪽 페이지의 그림처럼 말이지요. 자, 여러분 모두 성공하셨나요?

위의 방법을 성공했다면 또 다른 방법을 생각해 봅시다. 왼손과 왼발을 맞대고, 오른손과 오른발을 맞대면 2중 토러스가 만

들어질까요? 두 사람이 협동으로 오일러 표수가 −4인 3중 토러스를 만들려면 어떻게 해야 할까요? 이런 방식으로 두 사람은 과연 몇 중 토러스까지 만들 수 있을까요?

이런 식으로 친구, 가족과 함께 오일러 표수 놀이를 해 보는 방법을 여러분께 제안합니다. 이렇게 놀이를 통해 수학을 접하다 보면 재미도 느낄 수 있고, 어렵지 않게 공부하면서 수학과 더욱더 친해지는 계기를 마련할 수 있지 않을까 생각합니다. 지금 당장이라도 시작해 보세요.

한붓그리기

한붓그리기는 그래프 이론에서 오일러 경로라고도 하며 주어진 그래프의 모든 변을 단 한 번씩만 통과하는 경로를 뜻하는 것으로, 연필을 한 번도 떼지 않은 채로 모든 경로를 한 번만 그리고 모두 통과할 수 있게 되는 것을 말합니다.

이 오일러 경로는 1736년 스위스의 수학자 오일러가 '쾨니히스베르크의 다리 문제'를 푼 것에서 유래되었는데요. 이와 같은 오일러 경로 중에서 특히 시작점과 끝점이 같은 오일러 경로를 오일러 회로Euler circuit라고 합니다. 그리고 이 오일러 회로로 된 그래프를 오일러 그래프라고 하지요. 오일러는 어떤 그래프가 오일러 회로가 되기 위해 갖춰야 할 필요충분조건으로 다음과 같은 사실을 밝혀냈습니다.

오일러 회로

▶ 연결된 그래프여야 한다.
▶ 그래프의 모든 꼭짓점의 차수그 꼭짓점에 연결된 경로의 개수가 짝수여야 한다.

그리고 오일러 회로가 아닌 오일러 경로_{시작 꼭짓점과 끝나는 꼭짓점이 다른 경로}가 될 필요충분조건은 다음과 같음도 알아냈습니다.

> **오일러 회로가 아닌 오일러 경로**
> ▶ 그래프의 2개의 꼭짓점만 홀수의 차수를 가지고 연결되어 있어야 한다.

그렇다면 여기서 필요충분조건이란 무슨 말일까요? 'p이면 q이다.'가 참인 명제일 때, p는 q이기 위한 충분조건, q는 p이기 위한 필요조건입니다. 그리고 만약 조건 p가 q이기 위한 필요조건인 동시에 충분조건일 때, p는 q이기 위한 필요충분조건이라고 한답니다. 물론 q도 p이기 위한 필요충분조건이지요!

이제 쾨니히스베르크의 다리 문제에서 다리의 연결 상태가 오일러의 그래프가 되는지를 알아보기로 합시다.

쾨니히스베르크는 가운데 섬을 사이에 두고 묘하게 흐르는 프레겔강에 의해 다음 페이지의 왼쪽 그림과 같이 A, B, C, D의 4개 지역으로 나뉘어 있습니다.

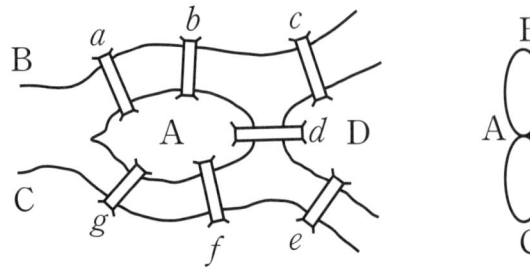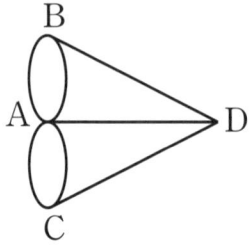

그리고 이들 지역을 잇는 7개의 다리 a, b, c, d, e, f, g가 놓여 있지요. 그런데 위의 다리에서 같은 다리를 두 번 건너는 일 없이 7개의 다리를 모두 건너는 문제가 누군가에 의해 제시되었습니다. 결국 이것은 앞에서 이야기한 한붓그리기 문제와 같은 것이며, 위상기하학의 의미를 보다 쉽게 이해할 수 있는 기초적이면서도 재미있는 실제적 문제로 아주 유명합니다.

그렇다면 위의 오른쪽 그림은 무엇을 나타내는 걸까요? 이 문제에서 왼쪽 그림의 각 지역을 점으로, 다리를 선으로 표시하면 오른쪽 그림과 같이 간단한 도형으로 나타낼 수 있다는 것을 뜻합니다. 그럼 이 과정을 통해 우리는 무엇을 알 수 있을까요?

위상기하에서는 다리가 되었든 강이 되었든 각 물체의 가치나 용도, 모양 등은 상관하지 않고 가장 기본이 되는 요소인 점과 선 그리고 이들의 연결 상태만 같으면 위상적 동형으로 본다는 사실을 알 수 있습니다. 즉, 이들을 같은 도형으로 생각하여 단순화시키면 꼭 한 번씩만 지나가는 연결의 본질에만 집중할 수 있게 되는 것입니다.

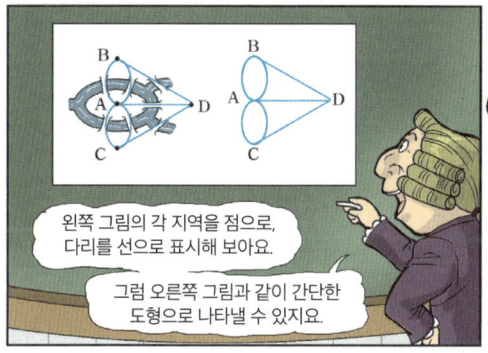

그러므로 쾨니히스베르크의 다리 문제를 해결하기 위해서는 다리와 다리 사이의 거리나 다리의 모양, 크기 등은 아무런 상

관 없이 오른쪽 그림처럼 단순화시켜 그 그림을 구성하고 있는 점과 선, 이들의 연결 상태만을 가지고 위상적으로 다루는 사고가 필요하다 하겠습니다.

자, 위상적으로 단순화시키는 작업이 끝났으면 이제 한붓그리기가 가능한지 살펴보도록 할까요? 즉, 점 A에서 출발하여 선을 따라 연필을 떼지 않고 어느 선이든 단 한 번만 지나도록 그릴 수 있다면, 이 문제는 해결되는 셈입니다. 그러나 이 경우 그것이 불가능하다는 것을 스위스의 수학자 오일러가 밝혀냅니다.

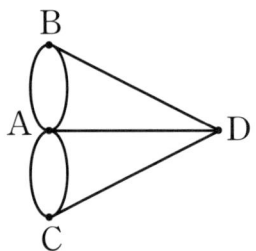

위의 그림을 오일러 회로와 경로에 근거하여 좀 더 자세히 살펴봅시다. 위의 그림에서 점 A, B, C, D는 모두 홀수점입니다. 즉, 짝수점이 0이라고 볼 수 있겠지요. 그렇다면 앞에서 배운 오일러 회로와 경로가 되기 위한 조건을 다시 살펴볼까요? 꼭짓점의 차수가 짝수여야 하는 오일러 회로와 2개의 꼭짓점만 홀수의 차수를 가지는 오일러 경로 중 어느 것도 만족하지 않으므로 위 그래프는 한붓그리기가 불가능한 것입니다. 믿지 못하겠다고요? 그럼 여러분이 직접 연필로 그리면서 확인해 보세요.

수업 정리

❶ 오일러의 표수 χ는 특정 다면체에서 v를 꼭짓점, e를 모서리, f를 면의 수라고 할 때 다음의 등식으로 나타낼 수 있습니다.
$$\chi = v - e + f$$

❷ 어떤 그래프가 오일러 회로_{시작점과 끝점이 같은 경우}가 될 수 있는 필요충분조건은 다음과 같습니다.
▶ 연결된 그래프여야 한다.
▶ 그래프의 모든 꼭짓점의 차수_{그 꼭짓점에 연결된 경로의 개수}가 짝수여야 한다.

❸ 어떤 그래프가 오일러 회로가 아닌 오일러 경로_{시작점과 끝점이 다른 경우}가 될 필요충분조건은 다음과 같습니다.
▶ 그래프의 2개의 꼭짓점만 홀수의 차수를 가지고 연결되어 있어야 한다.

위상기하의 적용 (2)

위상기하의 개념을 활용하여 '4색문제'를
풀어 가는 과정을 재미있게 공부합니다.

수업 목표

1. 4색문제를 이해합니다.
2. 4색문제를 해결하기 위한 나름대로의 시도를 해 봅니다.
3. 백지도나 나누어진 구획을 놓고 4색문제를 실제로 해 봅니다.

미리 알면 좋아요

그래프 이론 그래프의 특성을 연구하는 수학과 컴퓨터 과학의 한 분야로, 특정 집단 내 대상들 간의 관계를 그래프로 나타낸 수학적 구조입니다.

푸앵카레의 다섯 번째 수업

벌써 다섯 번째 시간이 돌아왔네요. 이번에도 위상기하의 내용이 실제 현상에 어떻게 적용되고 있는지에 대해 재미있게 배워 보기로 합시다.

4색문제

4색문제 또는 4색정리_{四色定理}는 평면을 여러 부분으로 나눈 다음 각 부분에 여러 가지 색을 칠하여 서로 구분하는 문제에 대한 정리로, 이때 맞닿아 있는 두 부분을 서로 다른 색으로 칠해야 할 때 어떤 경우든 네 가지 색만으로 가능한 방법을 알아내는 문제 혹은 그것이 가능함을 밝히는 정리입니다.

그렇다면 왜 하필 네 가지 색일까요? 세 가지 색으로는 구분하여 칠할 수 없다는 사실은 아래 그림과 같이 1개의 반례를 찾는 것으로도 증명이 가능합니다.

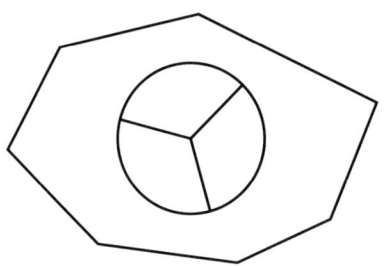

세 가지 색으로는 구분이 불가함

또한 다섯 가지 색으로는 어떤 경우든 구분하여 칠하는 것이 가능하다는 것도 이미 증명되어 있습니다. 하지만 유독 네 가지 색으로 칠하여 구분하는 것이 가능한지에 대한 문제는 오랫동안 수많은 연구를 지속해 왔음에도 해결하지 못한 상태로 계속되어 왔던 것입니다.

　그동안 이를 증명하기 위한 방법은 여러 가지가 있었습니다. 우리가 살펴보아야 할 무한개의 경우의 수에서 유한개로 경우의 수를 줄인 증명이 발표되었고, 이 유한개의 경우의 수를 다시 모아 컴퓨터를 이용해 검사하기도 했습니다. 하지만 이 증명 방법은 컴퓨터의 도움을 받아 증명한 것으로 일부에서는 컴퓨터를 활용한 이러한 방식의 증명은 진정한 의미의 수학적인 증명이 아니라고 여겼습니다. 때문에 더욱 간단하면서도 명쾌한 증명 방법을 찾기 위한 연구는 여전히 계속되고 있는 상황이지요.

이처럼 4색문제는 더 이상 수학자들만의 문제가 아니라 할 정도로 많은 사람에게 알려졌습니다. 그리고 많은 이가 이 흥미진진한 문제에 관심을 갖고 컴퓨터의 도움 없이 간편하면서도 명확하게 증명하는 방법을 찾으려고 노력하고 있습니다.

이 4색문제를 처음으로 발견해 낸 사람은 프랜시스 거스리입니다. 1852년에 영국의 지도를 색으로 칠해 구분하던 중, 네 가지 색만을 이용하면 각 주州를 구분할 수 있다는 사실을 발견하게 된 거스리는 당시 재학 중이던 유니버시티 칼리지의 스승, 오거스터스 드모르간에게 이것을 수학적으로 증명할 수 있는지에 대하여 문의하기도 했는데요, 그 뒤 4색문제가 다시 학문적으로 논의된 것은 한참이 지난 1879년, 아서 케일리의 논문에서였습니다.

그 후 4색정리를 증명하기 위한 시도는 여러 번 이어졌습니다. 1879년에 앨프리드 켐프가 4색정리의 증명을 발표했는데, 당시 많은 사람이 그 증명 과정이 옳다고 생각했습니다. 그리고 이듬해에는 피터 테이트가 또 다른 방법으로 4색정리를 증명했습니다.

그러나 1890년에 퍼시 히우드에 의해서 켐프의 증명에 오류가 있었다는 것이 밝혀졌고, 1891년에는 율리우스 페테르센에 의해 테이트의 증명 역시 잘못되었다는 것이 밝혀졌습니다. 그러니까 앞선 두 사람의 증명에 오류가 있었음이 11년이나 지나서야 제대로 밝혀진 것입니다.

한편, 히우드는 켐프의 증명이 잘못되었다는 것을 밝혀냈을 뿐만 아니라, 모든 평면그래프는 다섯 가지 색을 사용하면 어떤 형태라 하더라도 구분이 가능하다는 것을 증명하였습니다. 이것을 4색정리와 구분하여 '5색정리'라고 합니다.

또한 독일의 수학자 하인리히 헤슈는 이 4색정리를 증명하는데 검토해야 될 경우의 수가 너무나도 많고 쉽게 유형화되지 않는다는 점을 들어 컴퓨터의 도움을 받아 증명하는 방법을 제안하였는데, 드디어 1976년에 일리노이 대학교의 케네스 아펠과 볼프강 하켄이 헤슈의 기본 아이디어에 코크의 알고리즘을 더하여 4색정리를 증명하는 데 성공하게 됩니다.

이 두 사람의 증명 방법을 간단히 알아보면 다음과 같습니다. 이들은 일종의 귀류법적 접근을 시도하였습니다.

> ▶만일에 4색정리가 거짓이라면, 이를 구별하기 위하여 다섯 가지 이상의 색이 꼭 필요한 구획들로 구성된 지도가 적어도 하나는 존재할 것이다.

그리고 아펠과 하켄은 그런 반례가 존재하지 않는다는 것을 다음과 같은 두 가지 아이디어를 사용하여 증명해 보였습니다.

> ▶지도에서 각 나라들이 배열되는 경우의 수는 무한히 많지만, 그 형태를 단순화시키면 유한개의 기본 그래프가 조합된 형태로 된다.
> ▶기본 그래프가 4색문제의 반례가 되지 않고, 나머지 부분을 네 가지 색으로 칠할 수 있으면 전체 그래프는 네 가지 색으로 칠할 수 있다.

아펠과 하켄은 이 복잡한 과정을 통하여 무한히 다양한 그래프들을 유한개의 기본 그래프로 단순화시킬 수 있음을 증명해 보였고, 이 과정에서 컴퓨터의 도움을 받아 결국 4색문제의 반례가 존재하지 않음을 증명하였습니다. 즉, 지도에서 여러 나라가 배치되는 경우의 수는 무한하지만, 결국 1936개의 단순한 형태로 줄일 수 있음을 보인 것입니다. 그리고 이것이 올바르게 단순화 되었는지를 확인하기 위하여 컴퓨터를 사용하였는데, 나중에 알게 된 사실이지만 633개만으로 충분함을 보일 수 있었습니다.

한편, 1936가지의 기본 그래프를 네 가지 색으로 칠할 수 있음을 보이는 과정은 손으로 일일이 직접 색을 칠하여 각각의 그래

프가 4색정리의 반례가 될 수 없음을 보이는 방법을 사용하였습니다. 이 부분만 500페이지가 넘는 분량이었으며, 많은 부분은 당시 하켄의 아들 리폴드가 검사를 했다고 합니다. 또한 컴퓨터 프로그램을 실행하는 데만도 수백 시간이 걸렸다고 하는군요.

어떤 지도를 한 가지 혹은 두 가지의 색으로 칠할 수 있는지 여부를 판별하는 효율적인 알고리즘은 존재하지만, 세 가지 색으로 칠할 수 있는지 여부는 알아낼 방법이 없다고 합니다. 그러니 어떤 그래프가 평면그래프든 아니든, 네 가지의 색으로 구분하여 칠할 수 있는지 여부를 판별하는 문제는 해결 방법을 찾기가 더더욱 어려운 것이 너무도 당연했답니다.

실제로 우리가 사용하는 지도를 보면 한 나라 안에서는 여러 행정 구역을 구분하기 위하여 색을 달리 사용하고 있습니다. 얼핏 보기에 4색문제는 지도의 각 구획을 구분하는 데 최소의 색을 사용하기 위해 만들어진 문제처럼 보이지만, 실제로 제작된 지도에는 충분히 많은 색이 사용되고 있다는 것을 알 수 있습니다. 즉, 4색문제는 지도의 각 구획을 색으로 구분하려는 의도에서 시작되었지만, 결국 수학 문제로 이어져 오면서 4색문제라고 하는 위상수학의 아주 중요한 문제로 탈바꿈된 셈입니다.

이와 같이 수학에서의 중요한 발견은 의외로 실제 생활의 대수롭지 않은 상황 속에서 시작될 수 있습니다. 아주 사소한 상황일지라도 수학적인 시각으로 면밀하게 고민하고 살핌으로써, 중요한 수학적 발견으로 발전시킬 수 있는 것입니다. 여러분도 평소에 수학적 시각으로 세상을 보려는 생각을 가져 보기 바랍니다. 이런 생각이 여러분을 수학이라는 교과에 재미를 느끼고 즐겁게 학습할 수 있도록 도울 것으로 이 푸앵카레는 확신합니다.

끝으로 4색문제를 위상수학적인 방법으로 다룰 때는 어떻게 하는지 알아봅시다. 4색문제는 위상수학의 그래프 이론을 사용하면 좀 더 수학적으로 정밀하게 정의해 다룰 수 있습니다. 앞에서 다룬 4색문제를 위상수학적 방법으로 나타내 볼까요?

▶모든 평면그래프의 꼭짓점을 많게는 네 가지 색만 사용하여 인접한 꼭짓점들과 같지 않은 색으로 칠할 수 있는가?
▶모든 평면그래프는 네 가지 색으로 칠할 수 있는가?

이렇게 4색문제를 위상수학적인 방법으로 바꾸게 되면 지도의 모든 구획은 그래프에서 꼭짓점으로 대체되며, 지도의 각 구획이 경계선을 두고 맞닿아 있으면 해당 경계를 그래프의 선으로 연결하여 표현하면 되는 것입니다. 즉, 아래와 같이 왼쪽 지도의 각 구획을 오른쪽 그래프의 꼭짓점으로 하고, 그 구획의 경계선은 두 구획을 양 끝으로 연결하는 선분으로 그리면 됩니다.

그다음에는 그래프 이론을 적용하여 4색문제를 풀면 되는데, 이때 각 구획의 수는 한정되어 있지 않기 때문에 연결하는 경우의 수는 무수히 많이 나올 수밖에 없습니다. 그러므로 이를 구성하는 기본적인 경우를 컴퓨터의 도움을 받아 유형화하게 되는데, 그 가짓수가 1936개나 되었던 것입니다. 그러면 이 1936가지의 각 경우를 손으로 직접 그려 가며 그 가능성을 직접 확인하는 방법으로 증명하게 되는 것이지요! 바로 이 1936가지의 경우가 네 가지 색으로만 구분되게 할 수 있음이 증명되면, 이 기본적인 경우로부터 구성되는 지도의 무수히 많은 경우도 자동적으로 네 가지 색만으로 모든 구획을 충분히 구분할 수 있다는 것으로 증명된다는 논리입니다.

여러분도 여기서 말하는 기본적인 경우로는 어떤 경우가 있는지 직접 찾아보면서 네 가지 색으로 충분히 구분이 가능할지 한번 확인해 보면 어떨까요?

이러한 기본적인 경우를 찾는 문제는 어떤 일정한 순서나 방법을 따라야 한다고 정해진 것이 없기 때문에 여러분이 지도에서 나타날 수 있는 각 경우를 직접 그려 보고, 또 그 구획을 네 가지의 색만으로 구분해 보면서 확인해 보는 것이 좋을 거라 생각합니다. 직접 여러분의 손으로 그리고 칠하면서 확인하는 것이야말로 4색문제를 경험하고 이해하는 데 더없이 좋은 방법이 될 테니까요.

자! 이제 종이를 꺼내 놓고 한번 시도해 볼까요? 직접 지도를 그린다는 것에 엄두가 나지 않는다면, 우리나라의 도별 경계가 나타난 지도나 서울시의 행정 구획 경계를 나타낸 지도를 가지고 시작해 보는 것도 좋은 방법일 것입니다.

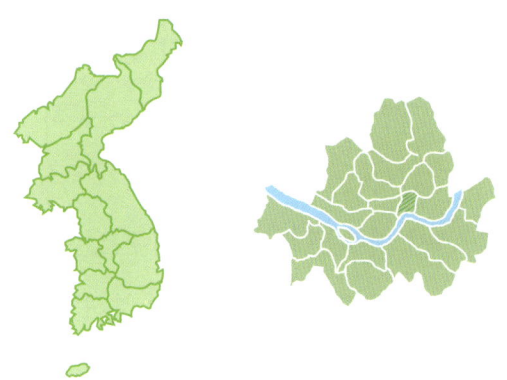

수업 정리

❶ 4색문제를 위상수학적 방법으로 나타내면 '모든 평면그래프의 꼭짓점을 많게는 네 가지 색만 사용하여 인접한 꼭짓점들과 같지 않은 색으로 칠할 수 있는가?'가 됩니다.

❷ 4색문제를 위상수학적인 방법으로 바꾸게 되면 지도의 모든 구획은 그래프에서 꼭짓점으로 대체되며, 지도의 각 구획이 경계선을 두고 맞닿아 있으면 해당 경계를 그래프의 선으로 연결하여 표현하면 됩니다.

위상기하의 적용 (3)

'뫼비우스의 띠'와 '클라인병'에 대하여 공부하면서
위상기하적인 접근과 이해를 높입니다.

수업 목표

1. 뫼비우스 띠의 원리를 알고 만들어 봅니다.
2. 뫼비우스 띠의 오일러 표수를 구해 봅니다.
3. 뫼비우스 띠를 여러 가지 방법으로 잘라 보고 나타나는 현상을 관찰해 봅니다.
4. 클라인병의 원리를 이해합니다.

미리 알면 좋아요

1. **3차원 공간** 우리가 주로 경험하는 공간으로 이 공간 내에 좌표계를 설정하면, 이 공간 안의 각 점은 3개의 실수로 이루어진 순서쌍 (x, y, z)로 나타내어지는 공간을 말합니다.

2. **4차원 공간** 우리가 상식적으로나 실제적으로는 경험할 수 없는 공간으로 이 공간 내에 좌표계를 설정하면, 이 공간 안의 각 점은 4개의 실수로 이루어진 순서쌍 (x, y, z, w)로 나타나는 공간을 말합니다.

푸앵카레의 여섯 번째 수업

　드디어 마지막 수업이 돌아왔습니다. 이제까지 위상수학이란 과연 무엇인가에 대해 그리고 새롭게 접하게 된 위상기하와 관련하여 실생활에 활용되고 있는 수학적 현상에 대해 알아보았는데요. 어려운 듯하지만 알고 보면 흥미로운 위상수학의 세계를 통해 새로운 수학적 재미를 느껴 보고 있나요? 이번 시간도 여러분이 수학적 재미에 흠뻑 빠질 수 있도록 이 푸앵카레가 최선을 다해 힘써 보겠습니다.

뫼비우스의 띠

뫼비우스의 띠는 여러분이 아주 잘 알고 있는 재미있는 도형이라고 생각합니다. 길쭉한 직사각형 모양의 종이테이프의 양 끝을 이어 붙이되, 한쪽을 180° 꼬아서 붙이면 만들어지는 도형이 바로 뫼비우스의 띠입니다. 이 도형은 만들어지기 전에는 길쭉한 직사각형 모양의 2개의 구별되는 면을 갖고 있지만, 뫼비우스의 띠로 만들게 되면 두 면이 구분 없이 하나의 연결된 면으로만 구성된 도형으로 바뀌게 되는 것이지요.

실제로 우리 주변에도 이 뫼비우스의 띠 원리를 실용적으로 활용한 예가 있습니다. 간혹 지방에 가면 눈에 띄는 허름한 방앗간으로 한번 가 볼까요? 그곳에서 사용하는 기계를 살펴보면 전기 모터가 달린 작은 바퀴와 조금 떨어져 있는 커다란 쇠바퀴를 서로 연결할 때 사용하는 벨트가 있는데, 이것이 뫼비우스의 띠와 정확하게 일치하는 것을 확인할 수 있을 것입니다.

그렇다면 왜 바퀴와 바퀴를 연결할 때 사용하는 벨트를 뫼비우스의 띠 모양으로 만들어 놨을까요? 모양이 예뻐서? 아니면 벨트 길이가 남아서? 그 이유는 뫼비우스의 띠가 한 면으로 이루어져 있다는 데서 찾을 수 있습니다. 이럴 경우, 벨트의 양면이 골고루 닳게 되어 경제적일 뿐만 아니라 바퀴에서 쉽게 이탈하지 않는 성질까지 갖게 되기 때문에 아주 유용한 것이지요.

우리가 보통 2개의 바퀴를 벨트로 연결할 때 보면 무심코 다음 그림과 같이 꼬이지 않은 상태로 연결하는 경우가 많은데,

이럴 경우 벨트의 안쪽 면만 바퀴에 닿게 되어 한쪽 면만 닳는 문제가 생길 수 있다는 것을 명심해야 하겠습니다.

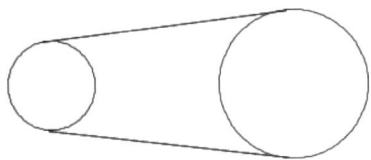

그럼 다시 뫼비우스 띠의 구조에 대해 떠올려 볼까요? 즉, 뫼비우스의 띠는 위상수학적인 곡면으로서 1개의 면과 1개의 경계 밖에 없는 2차원 도형이 되는 것입니다.

이 간단하면서도 재미있는 도형은 1858년에 나 푸앵카레의 대선배 수학자인 아우구스트 페르디난트 뫼비우스와 요한 베네딕트 리스팅이 각자 독립적으로 발견했습니다. 이 뫼비우스 띠의 오일러 표수를 다음과 같이 계산해 보면 0이 됩니다.

뫼비우스 띠의 오일러 표수
v : 꼭짓점의 수, e : 모서리의 수, f : 면의 수

$$v+f-e=0+1-1=0$$

이처럼 뫼비우스의 띠는 몇 가지 흥미로운 성질을 갖고 있습니다. 뫼비우스 띠의 모서리 위 한 점에서 출발하여 그 모서리를 따라 계속 이동하면 출발한 방향과 반대 방향으로 돌아와 다시 출발 지점에 도달할 수 있게 된다는 특징이 바로 그것이지요. 이러한 연속성에 의해 뫼비우스의 띠는 경계를 단 1개만 갖게 되는 것입니다.

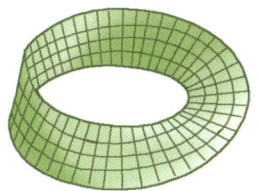

이때 뫼비우스의 띠를 자르면 어떻게 될까요? 방금 지나온 띠의 중심선을 따라 뫼비우스의 띠를 자르게 되면, 2개의 띠로 분리되는 것이 아니라 처음 길이의 두 배로 늘어나면서 두 번 꼬인 1개의 띠가 만들어지는 것을 볼 수 있습니다.

이것은 뫼비우스의 띠가 앞에서 말한 것처럼 단 하나의 경계면을 가지기 때문인데, 중앙선을 따라 자르기를 하면 두 번째 경계가 새로 생겨나는 특징을 갖는 것입니다.

즉, 새로 만들어진 띠는 경계가 2개가 되는 것이지요.

그렇다면 이번에는 뫼비우스의 띠를 길게 삼등분하는 2개의 평행선을 따라 $\frac{1}{3}$씩 잘라 보도록 할게요. 이 경우 뫼비우스의 띠는 2개로 분리가 됩니다. 하나는 처음 것과 동일한 길이이면서 처음의 $\frac{1}{3}$의 폭을 갖는 뫼비우스의 띠가 만들어지고, 또 다른 하나는 처음 길이의 두 배로 늘어난 두 번 꼬인 띠가 만들어지게 되는 것입니다.

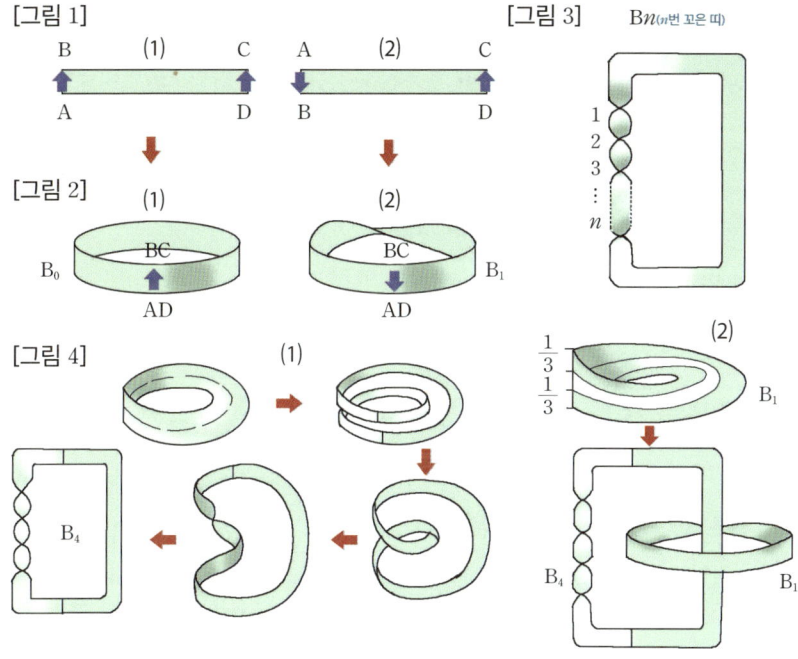

이와 같은 뫼비우스 띠의 성질을 일반화시켜 정리해 보겠습니다.

먼저, [그림 1]의 (1)과 같은 기다란 직사각형 모양의 종이 띠를 꼬지 않고 점 A와 D, 점 B와 C가 만나도록 변 AB와 변 DC를 붙여 고리를 만들면 [그림 2]의 (1)과 같이 됩니다. 또 [그림 1]의 (2)와 같은 띠를 180° 꼬아서 점 A와 D, 점 B와 C가 만나도록 변 AD와 변 BC를 붙이면 [그림 2]의 (2)와 같이 되고 이것이 뫼비우스의 띠가 되는 것입니다.

또한 [그림 2]의 띠 (1)은 2개의 서로 구분되는 면으로 이루어져 있는 반면 (2)의 띠는 하나의 면으로 이루어져 있는 것을 알 수 있는데, 바로 이 점이 [그림 2]의 (1)과 (2)는 동상, 즉 위상적으로 동형이 아닌 이유가 됩니다.

다음 [그림 3]과 같이 180°씩 n번만큼 꼬아서 만든 띠를 B_n이라 하면, n이 짝수일 때 B_n은 B_0[그림2]의 (1)와 동상이며, n이 홀수일 때 B_n은 B_1[그림2]의 (2)과 동상이 됩니다. 또한 [그림 2]의 (1)과 같은 띠를 그 중심선을 따라 자르면 2개의 분리된 띠가 되지만, [그림 4]의 (1)과 같이 180°로 한 번 꼬아 만든 뫼비우스의 띠 B_1을 그 중심선을 따라 자르면 네 번 꼬인 하나의 띠 B_4가 만들어집니다.

자, 그럼 [그림 4]의 (2)와 같이 뫼비우스의 띠 B_1을 그 삼등분선을 따라 자르면 어떻게 될까요? 네, 그렇지요. 1개의 뫼비우스의 띠 B_1과 네 번 꼬인 띠 B_4가 얽혀 있는 상태가 되겠지요.

백문불여일견百聞不如一見이란 말보다 백견불여일행百見不如一行이란 말이 있듯이, 여러분도 종이와 가위, 풀 등을 준비해서 직접 만들고 잘라 가면서 관찰해 보면 실제로 위에서 설명한 바가 무엇인지를 쉽게 경험하게 될 것입니다. 간단한 뫼비우스의 띠지만, 신기한 현상을 직접 체험해 볼 수 있는 좋은 기회가 되리라 생각합니다.

클라인병

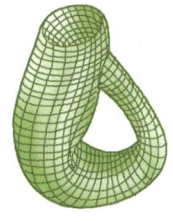

클라인병은 1882년 독일의 수학자 펠릭스 클라인이 고안하였다는 이유로 그의 이름을 따온 그야말로 이상하게 생긴 병으로 널리 알려져 있습니다.

위의 그림은 4차원 공간에 존재하는 '클라인병'을 두 차원이나 내려서 2차원 평면에 그려 놓은 것으로 어찌 보면 클라인병이라고 말하기에는 적합지 못한 그림입니다. 하지만 이런 방법 외에는 클라인병을 2차원 평면에 그려 넣을 방법이 없기 때문에 흔히 이런 방식으로 그려 놓게 되는 것입니다. 즉, 실제의 클라인병은 자신의 몸을 뚫고 지나는 것이 아님에도 불구하고, 그림으로 볼 때는 마치 자신의 옆면을 뚫고 들어가는 모양으로 그려진다는 것이지요.

클라인병은 4차원 속에 존재하는 물체로서 우리가 살고 있는 3차원 공간에서는 실제로 만들기가 불가능하지만, 어떤 아이디어로 클라인병이 만들어지는 것인지는 알아볼 수 있습니다. 우선 결론적으로 볼 때 뫼비우스의 띠를 만드는 아이디어와 흡사하다고 말할 수 있는데, 뫼비우스의 띠를 만드는 방법에서 한 차원 더 높은 방법이라고 할 수 있습니다.

뫼비우스의 띠는 긴 직사각형 모양의 종이테이프의 한 끝을 180° 회전시켜 양 끝의 방향을 서로 반대로 하여 이어 붙여서 만든다는 것을 앞에서 이미 공부했으므로 잘 알고 있을 것입니다. 그렇다면 클라인병의 경우는 어떠할까요?

클라인병의 경우 앞 페이지의 그림처럼 대롱 모양의 원통을 사용하는데, 이 원통을 4차원 공간에서 잘 처리하여 원통 한쪽 끝의 원 모양의 테두리 방향이 처음과 반대 방향으로 되게끔 꼬아서 갖다 붙이면 만들어지는 물체가 바로 클라인병이 되는 것입니다.

마치 뫼비우스의 띠가 처음 출발할 때의 직사각형 모양 종이에서 구분됐던 앞, 뒷면이 뫼비우스 띠로 만들어진 다음에는 구분이 안 되었던 것처럼, 이와 같은 아이디어로 만들어진 클라인병 역시 비슷합니다. 클라인병을 만들기 위해서 출발할 때 서로 구분됐던 원통의 안쪽 면과 바깥쪽 면이 클라인병이 되고 나서는

　서로 구분이 되지 않는 채로 연결되어 4차원상에 존재한다고 생각해 볼 수 있는, 즉 상상 속의 병이 되는 것입니다.
　이와 같이 수학은 우리가 감히 상상조차 할 수 없는 높은 차원에서 벌어질 현상이나 거기에 존재할 물체에 대하여 상상하는 것을 가능하게 해 줍니다. 그중에서도 특히 위상기하학 분야는 우리가 살고 있는 이 세상 저편의 다른 차원의 공간에서 벌어질 현상에 대하여 수학적으로 알아내는 것을 허락해 주는 분야라고 생각합니다.

　지금까지의 위상수학 중 위상기하에 관한 내용을 공부하고 실제 벌어질 수 있는 신기한 현상이나 상상 속에서 생각해 볼 수 있는 예 등에 대하여 알아보았습니다. 위상기하는 우리가 흔히 생각해 오던 기하의 방식인 유클리드 기하와는 사뭇 다른 방식의 기하임을 알 수 있었을 것으로 생각합니다. 즉, 우리가 학교에서 배우는 수학 중 기하는 우리가 세상을 보고 이해하는 시각을 제공한다고 볼 수 있는데, 나 푸앵카레는 그 기하의 방식이 한 가지만 존재하는 것이 아니라 또 다른 방식이 있다는 것을 여러분에게 알려 주려고 했던 것입니다.

　앞으로 수학을 공부할 때 수학은 한 가지로 정해져 있는 불변의 내용으로 구성된 것이라는 선입견을 버리고, 오히려 여러분의 자유롭고 유연한 생각을 필요로 하는 분야라는 점을 기억하기 바랍니다.

수업 정리

❶ 뫼비우스의 띠는 만들 때 꼬아 놓은 횟수에 따라 띠의 한가운데를 가위로 잘랐을 때의 결과가 달라집니다.

❷ 클라인병은 뫼비우스의 띠를 만드는 아이디어와 흡사하다고 볼 수 있는데, 뫼비우스의 띠를 만드는 방법에서 한 차원 더 높인 방법이라고 할 수 있습니다.

NEW 수학자가 들려주는 수학 이야기 88
푸앵카레가 들려주는 위상수학 이야기

ⓒ 백석윤, 2010

2판 1쇄 인쇄일 | 2025년 10월 30일
2판 1쇄 발행일 | 2025년 11월 13일

지은이 | 백석윤
펴낸이 | 정은영
펴낸곳 | (주)자음과모음

출판등록 | 2001년 11월 28일 제2001-000259호
주소 | 10881 경기도 파주시 회동길 325-20
전화 | 편집부 (02)324-2347, 경영지원부 (02)325-6047
팩스 | 편집부 (02)324-2348, 경영지원부 (02)2648-1311
e-mail | jamoteen@jamobook.com

ISBN 978-89-544-5333-2 44410
    978-89-544-5196-3 (세트)

• 잘못된 책은 교환해 드립니다.